公共文化服务创新发展研究

王 佼 著

燕山大学出版社
·秦皇岛·

图书在版编目（CIP）数据

公共文化服务创新发展研究 / 王佼著. -- 秦皇岛：燕山大学出版社，2025.3. -- ISBN 978-7-5761-0810-1

Ⅰ.G123

中国国家版本馆 CIP 数据核字第 2025YY7093 号

公共文化服务创新发展研究
GONGGONG WENHUA FUWU CHUANGXIN FAZHAN YANJIU

王　佼 著

出 版 人：陈　玉	特约编辑：张　洋
责任编辑：孙亚楠	策划编辑：孙亚楠
责任印制：吴　波	封面设计：刘馨泽
出版发行：燕山大学出版社	电　　话：0335-8387555
地　　址：河北省秦皇岛市河北大街西段 438 号	邮政编码：066004
印　　刷：涿州市般润文化传播有限公司	经　　销：全国新华书店
开　　本：710 mm×1000 mm　1/16	印　　张：15.25
版　　次：2025 年 3 月第 1 版	印　　次：2025 年 3 月第 1 次印刷
书　　号：ISBN 978-7-5761-0810-1	字　　数：225 千字
定　　价：78.00 元	

版权所有　侵权必究

如发生印刷、装订质量问题，读者可与出版社联系调换

联系电话：0335-8387718

前　言

公共文化服务是由政府主导、社会力量参与，以满足公民基本文化需求为主要目的而提供的公共文化设施、文化产品、文化活动以及其他相关服务。公共文化服务是现代政府公共服务体系中的重要职能之一，推动公共文化服务高质量发展是实现国家治理体系和治理能力现代化的必然要求。

发展公共文化服务，是保障人民文化权益、改善人民生活品质的内在要求，是补齐文化发展短板的重要途径。

党的十九大报告强调，要"完善公共文化服务体系，深入实施文化惠民工程，丰富群众性文化活动"。2018年，习近平总书记在全国宣传思想工作会议上指出，"要推动公共文化服务标准化、均等化，坚持政府主导、社会参与、重心下移、共建共享，完善公共文化服务体系，提高基本公共文化服务的覆盖面和适用性"。党的二十大报告强调，"实施国家文化数字化战略，健全现代公共文化服务体系，创新实施文化惠民工程"。

《中华人民共和国公共文化服务保障法》《中华人民共和国公共图书馆法》《中华人民共和国非物质文化遗产法》等的颁布，为保障人民群众的基本文化权益提供了法律依据。先后出台的《关于加强公共文化服务体系建设的若干意见》《关于加快构建现代公共文化服务体系的意见》《国家基本公共文化服务指导标准（2015—2020年）》《关于推动公共文化服务高质量发展的意见》和《国家基本公共服务标准（2021年版）》等文件，为进一步保障人民群众的文化权益提供了政策依据。

近年来，我国公共文化服务发展较快，公共文化服务体系建设和体制机制创新深入推进，公共文化服务水平持续提升。与此同时我们也应看到，当前的公共文化服务水平与人民群众日益增长的精神文化生活需求相比还存在较大差距。新时代新征程，要不断深入学习贯彻习近平文化思想，进一步提升公共文化服务的供给质量和水平，推动公共文化服务高质量发展，让人民享有更加充实、更为丰富、更高质量的精神文化生活，满足人民对美好生活的新期待，为全面建设社会主义现代化国家、推进中华民族伟大复兴提供强大的精神动力和文化支撑。

本书围绕当前公共文化服务工作实际，对公共文化服务理论在实际工作中的应用展开一系列的深入研究与探讨，从理论、实践、政策法规等方面入手，对当前公共文化服务存在的不足与难点问题进行了理性思考，结合全国各地在公共文化服务实践中创新探索的优秀典型案例，梳理总结成功经验，提出行之有效的具体发展路径，为提升公共文化服务效能提供理论支撑，从而推动公共文化服务工作高质量发展。本书共分九章，分别为文化志愿服务助推公共文化服务体系建设研究，文化馆服务线上线下融合发展研究，文化馆、图书馆开展多元化特殊群体服务路径研究，群众文化推动全域旅游发展研究，激活非物质文化遗产发展动能研究，打造文化场馆旅游打卡地研究，文化旅游融合发展推进乡村振兴研究，生态文化与生态旅游融合发展研究，将红色文化旅游打造成为文化旅游行业发展新增长点研究。

目　录

第一章　文化志愿服务助推公共文化服务体系建设研究 ········· 1
第一节　文化志愿服务和公共文化服务体系建设概述 ············ 1
第二节　文化志愿服务助推公共文化服务体系建设的实践 ········ 13
第三节　文化志愿服务助推公共文化服务体系建设的策略 ········ 22

第二章　文化馆服务线上线下融合发展研究 ····················· 32
第一节　文化馆服务线上线下融合发展概述 ····················· 32
第二节　文化馆服务线上线下融合发展的实践 ··················· 37
第三节　文化馆服务线上线下融合发展的优化路径 ··············· 41

第三章　文化馆、图书馆开展多元化特殊群体服务路径研究 ··· 67
第一节　文化馆、图书馆开展多元化特殊群体服务概述 ········· 67
第二节　文化馆、图书馆开展多元化特殊群体服务的实践 ········ 70
第三节　文化馆、图书馆开展多元化特殊群体服务的路径 ········ 72

第四章　群众文化推动全域旅游发展研究 ······················· 88
第一节　群众文化推动全域旅游发展的背景 ····················· 88
第二节　群众文化推动全域旅游发展的实践 ····················· 92
第三节　群众文化推动全域旅游发展的路径 ····················· 96

第五章 激活非物质文化遗产发展动能研究 ………… 105
第一节 激活非物质文化遗产发展动能的背景分析 ………… 105
第二节 激活非物质文化遗产发展动能的总体对策 ………… 118
第三节 激活非物质文化遗产发展动能的具体措施 ………… 121

第六章 打造文化场馆旅游打卡地研究 ………… 135
第一节 打造文化场馆旅游打卡地概述 ………… 135
第二节 将文化场馆打造成为旅游打卡地的成功案例 ………… 140
第三节 打造文化场馆旅游打卡地的实施路径 ………… 145

第七章 文化旅游融合发展推进乡村振兴研究 ………… 156
第一节 文化旅游融合发展推进乡村振兴的背景分析 ………… 156
第二节 文化旅游融合发展推进乡村振兴的案例分析 ………… 163
第三节 文化旅游融合发展推进乡村振兴的实践路径 ………… 170

第八章 生态文化与生态旅游融合发展研究 ………… 181
第一节 生态文化与生态旅游的内涵 ………… 182
第二节 生态文化与生态旅游融合发展的实践 ………… 189
第三节 生态文化与生态旅游融合发展的对策 ………… 195

第九章 将红色文化旅游打造成为文化旅游行业发展新增长点研究 ………… 207
第一节 红色文化旅游概述 ………… 207
第二节 发展红色文化旅游的实践 ………… 210
第三节 将红色文化旅游打造成为文化旅游行业发展新增长点的对策 ………… 214

第一章　文化志愿服务助推公共文化服务体系建设研究

2024年4月，中共中央办公厅、国务院办公厅印发的《关于健全新时代志愿服务体系的意见》中强调："着眼培育文明风尚，深入开展科普文化、文艺、精神文明、文化遗产保护传承、体育健身、自然教育等志愿服务。"文化志愿服务纳入了公共文化服务体系建设，融入了国家文化发展战略。现代公共文化服务体系的构建是深化文化体制改革、弘扬社会主义核心价值观的重要表现，需要大量高素质、具备专业技能的文化志愿者参与公共文化服务体系建设。当前，我国的文化志愿者队伍正在逐步壮大，但在发展的过程中还存在一些问题，需要用创新的思维和有效的对策加以解决。

第一节　文化志愿服务和公共文化服务体系建设概述

文化志愿服务随着我国志愿服务事业的发展而不断深化，是文化部门积极推进现代公共文化服务体系的重要抓手，与公共文化建设有着密不可分的联系。文化志愿者是开展文化志愿服务的主体，也是扩大公共文化服务范围和影响的重要力量。

一、文化志愿服务和公共文化服务体系的内涵

（一）文化志愿服务的含义

文化志愿服务是我国众多志愿服务行为中的一种，具有一般志愿服务的共性和特征。文化部、中央文明办出台《关于广泛开展基层文化志愿服务活动的意见》中指出，"文化志愿服务是志愿服务工作的重要组成部分，是繁荣发展城乡基层文化的有效途径"。

文化志愿服务主要是指由文化部门倡导、发起和组织，各类机构、单位、社会组织和个人秉承"奉献、友爱、互助、进步"的志愿精神，自愿为推动公共文化服务事业而开展的非营利性服务和公益活动。文化志愿服务积极践行社会主义核心价值观，不以获取报酬为目的，与公共文化服务体系密切相连，既是一种对文化价值的选择和认同，也是一种对文化身份的彰显。

文化志愿服务包含"文化"的特殊属性，有别于其他类型的志愿服务，具有专业性强、服务场所特定、服务内容特定的特点。专业性强是指文化志愿服务提供的是文化服务。服务场所特定是指文化志愿服务的主要场所是文化馆、图书馆、博物馆、美术馆、文化站、文化活动中心、影院、剧院、社区服务中心等。服务内容特定是指文化志愿服务的内容与文化密切相关，提供的是文化知识讲座、艺术知识普及、展览讲解、专家咨询等与文化息息相关的服务，旨在增强人民群众的文化参与感、获得感和幸福感。

（二）文化志愿者的含义

文化志愿者作为我国志愿者队伍中兴起的一股新型服务力量，是我国经济社会发展到一定阶段后的产物，也是志愿服务分工专业化、细化的必然结果。根据文化部印发的《文化志愿服务管理办法》的规定："文化志愿者，是指利用自己的时间、知识、技能等，自愿、无偿为社会或他人提供公益性文化服务的人。"文化志愿者自愿参加相关团体、组织，或接受相关

团体和组织的领导，在不谋求任何物质、金钱及相关利益回报的前提下，为文化事业和有需要的机构、团体、个人贡献自己时间、精力、知识、技能、文化技艺等。

文化志愿者主要分为专家志愿者、专业志愿者、特长志愿者、普通志愿者。专家志愿者是指专门从事文艺教学、创作、表演、研究的专家、学者等，可以提供高水平的文化服务。专业志愿者是指专业文艺院团的文艺工作者、群众文化机构的社会文化指导员等专门从事文化工作的人员，可以指导、参与文化工作和活动。特长志愿者是指业余文艺团队、非遗传承人等拥有文艺特长的志愿者，可以参与各类文化活动。普通志愿者是指热心公益文化事业的志愿者，可以提供力所能及的普通服务。

文化志愿者具备规范性、专业性、导向性、传播性等特点。规范性指文化志愿者的招募是按照一定的规章制度进行的，招募后要对志愿者进行培训，并通过绩效考核、活动反馈等手段促使志愿者更好地服务人民群众。专业性指文化志愿者需要具备一定的文化专业知识、能力和素养，承载起文化辅导的功能，有效提供公共文化服务。导向性指文化志愿者要承载、表达、传递先进文化，具有鲜明的价值导向性。传播性指文化志愿者服务是一种面对面的服务，带有充分的情感与温度，更容易激发受众群体的情感共鸣和价值认同，可以打破经济和地域壁垒，在基层发挥更活跃、更稳定的文化传播效能。

（三）公共文化的含义

公共文化是指由政府主导、社会参与形成的普及文化知识、传播先进文化、提供精神食粮，满足人民群众文化需求，保障人民群众基本文化权益的各种公益性文化机构和服务的总和。

从服务的主体来看，公共文化是以政府为主体的文化。从服务的性质来看，公共文化是公益的、非营利的。从服务的对象来看，公共文化是为全体人民和机构服务的。因此，公共文化是面向全体人民的文化，是面向全体人民服务的文化，是全体人民公共文化生活的组成部分，也是一个国家共同的、普遍的文化。

公共文化具有共享性、仪式性、差异性、构建性等特点。共享性指公共文化的公共性质体现为全体社会成员共同分享公共文化、社会成员平等参与公共文化。仪式性指不论公共文化呈现为何种形态，公共文化都通过重复的、程式化的动作，明确传达某种信念、价值和观念。差异性指公共文化的形态差异、地域空间差异和社会阶层分化差异。建构性指在文化内涵丰富多样的环境中，社会成员借助于公共文化完成其身份认同，具有共有的信仰、价值、观念和行为方式。

（四）公共文化服务的含义

《中华人民共和国公共文化服务保障法》指出，"公共文化服务，是指由政府主导、社会力量参与，以满足公民基本文化需求为主要目的而提供的公共文化设施、文化产品、文化活动以及其他相关服务"。"政府主导、社会力量参与"既明确了政府的主体责任，保证了广覆盖、兜底线、保基本的根本要求，又体现了多层次、可持续的发展特点，为社会力量参与公共文化服务预留了充分的空间。

公共文化服务的根本目的是培养合格的公民，通过以公民教育为核心的公共文化服务，让人们接受基本的公民知识，在充分的民主讨论基础上形成"好生活"的共识，丰富健康的公共文化生活。公共文化服务的价值取向表现为：一是培养公民的共同道德和共同价值观，二是潜移默化地提高公民的素质和修养。

（五）公共文化服务体系的含义

公共文化服务体系就是面向大众的公益性文化服务体系，党的十八大以来，党和国家领导人将公共文化体系建设列为我国文化全面发展的重要布局之一，并进一步提出到 2020 年基本建成现代公共文化服务体系。在具体的公共文化体系建设过程中，要以农村为重点推进对象，积极实施文化服务惠民工程，提高社会公共文化服务的水平，以满足人民日益提高的公共文化需求，图书馆、文化馆、社区和街道文化中心等是公共文化服务体系的主要设施。公共文化体系的建设，要以政府为主导，社会积极参与，逐渐形成共享和全面覆盖的公共文化传播网络体系。

二、文化志愿服务的政策法规依据

近年来，我国出台了多项关于文化志愿服务的法律法规和政策，对建设文化志愿者队伍、开展文化志愿服务活动、发展文化志愿服务事业进行了总体的部署安排，也对文化志愿服务提出了具体要求，文化志愿服务已经成为公共文化服务建设的重要组成部分，也是我国社会发展的重要任务和更好地保障人民群众基本文化权益的重要途径。

（一）政策强调文化志愿服务

2007 年 8 月，中共中央办公厅、国务院办公厅印发的《关于加强公共文化服务体系建设的若干意见》中提出，"广泛开展文化志愿者活动，在'高校毕业生到农村服务计划'中增加文化服务内容，鼓励离退休文艺工作者、艺术院校学生和其他热心公益事业的各界人士为社区和乡村提供志愿文化服务"。

2015 年 1 月，中共中央办公厅、国务院办公厅印发的《关于加快构建现代公共文化服务体系的意见》中要求，"大力推进文化志愿服务。大力弘扬志愿服务精神，坚持志愿服务与政府服务、市场服务相衔接，奉献社会与自我发展相统一，社会倡导和自愿参与相结合，构建参与广泛、内容丰富、形式多样、机制健全的文化志愿服务体系。创新服务内容、工作方式和活动载体，探索具有地方或行业特色的文化志愿服务模式。完善文化志愿者注册招募、服务记录、管理评价和激励保障机制。动员组织专家学者、艺术家、优秀运动员等社会知名人士参加志愿服务，提高社会影响力。要建立'结对子、种文化'工作机制，推动专业艺术院团、体育运动队和艺术体育院校等到基层教、学、帮、带，建立志愿服务下基层制度。加强对文化志愿队伍的培训，提升文化志愿者的服务意识、服务能力和服务水平"。

2021年3月，文化和旅游部、国家发展改革委、财政部联合印发的《关于推动公共文化服务高质量发展的意见》中提出，要进一步规范文化志愿者的招募、培训辅导、激励等工作，从而增强广大文化志愿者的工作成就感和社会荣誉感。

（二）法律法规规范文化志愿服务

2016年7月14日起施行的《文化志愿服务管理办法》，填补了文化志愿服务在管理与立法方面的空白，目的在于推动文化志愿服务逐步走向规范化、制度化，构建参与广泛、内容丰富、形式多样、机制健全的文化志愿服务体系。

2017年3月1日起施行的《中华人民共和国公共文化服务保障法》提出，"国家倡导和鼓励公民、法人和其他组织参与文化志愿服务"，"公共文化设施管理单位应当建立文化志愿服务机制，组织开展文化志愿服务活动"，"县级以上地方人民政府有关部门应当对文化志愿活动给予必要的指导和支持，并建立管理评价、教育培训和激励保障机制"。

2017年12月1日起施行的《志愿服务条例》第二条规定，"本条例适用于在中华人民共和国境内开展的志愿服务以及与志愿服务有关的活动。本条例所称志愿服务，是指志愿者、志愿服务组织和其他组织自愿、无偿向社会或者他人提供的公益服务"。在国家层面上给予了志愿者合法身份，保护了其合法权益。

（三）文化志愿服务纳入发展规划

2013年1月，文化部印发的《文化部"十二五"时期公共文化服务体系建设实施纲要》中提出，把文化志愿服务工作纳入公共文化服务体系建设总体规划中。

2015年12月，文化部、国家发展改革委、国家民委、财政部、新闻出版广电总局、体育总局、国务院扶贫办七部委联合印发的《"十三五"时期贫困地区公共文化服务体系建设规划纲要》中提出，要以满足老少边穷地区群众的基本文化需求为主要任务，以加强老少边穷地区的公共文化服务能力和队伍建设为重点，以"大舞台""大讲堂""大展台"为主要形式，通过供需对接、双向互动，组织招募文化志愿者开展各种文化服务活动，丰富老少边穷地区基层群众的精神文化活动。

2017年5月，文化部印发的《"十三五"时期繁荣群众文艺发展规划》中提出，"发展和壮大群众文艺志愿者队伍。各级文化馆（站）建立文化志愿服务机制，鼓励和动员专家学者、专业艺术工作者参加群众文艺工作，通过教学帮带，提升群众文艺工作水平。加强基层群众文艺志愿者队伍建设，建立注册招募、服务记录、管理评价、教育培训机制。继续开展文化志愿服务品牌活动，推进'春雨工程'——全国文化志愿者边疆行活动、'大地情深'——国家艺术院团志愿服务走基层活动、'阳光工程'——中西部农村文化志愿服务行动计划，发挥品牌活动示范引导作用。会同中国文联文艺志愿服务中心开展文艺家志愿服务活动"。

2017年7月，文化部印发的《"十三五"时期全国公共图书馆事业发展规划》中提出，"广泛开展文化志愿服务。弘扬志愿服务精神，坚持志愿服务与政府服务、市场服务相衔接，鼓励和支持公共图书馆开展参与广泛、内容丰富、形式多样的文化志愿服务，探索具有图书馆特色的文化志愿服务模式，打造一批公共图书馆志愿服务品牌。完善公共图书馆志愿者注册招募、服务记录、管理评价和激励机制。各级文化行政部门对公共图书馆志愿服务给予必要的指导和支持"。

（四）制度性文件对文化志愿服务提出要求

2008年10月，中央精神文明建设指导委员会印发的《关于深入开展志愿服务活动的意见》中强调，深入开展志愿服务活动要普及志愿理念、弘扬志愿精神，努力营造关心、支持和参与志愿服务的浓厚社会氛围；要深入开展多种形式的志愿服务活动，为人们关爱他人、奉献社会搭建平台；要进一步建立健全志愿服务活动的运行机制，不断提高志愿者服务的科学化、规范化、专业化和社会化水平；要切实加强对志愿服务活动的组织领导，推动志愿服务持续健康发展。

2012年9月，文化部、中央文明办联合印发的《关于广泛开展基层文化志愿服务活动的意见》中强调，要广泛组织动员专业文化工作者和社会各界人士志愿参与基层文化建设和群众文化活动。依托公共图书馆、博物馆、美术馆、文化馆（站）、电子阅览室等公益性文化设施，组织志愿者开展秩序引导、咨询讲解、设施维护、交流互动等服务。依托重点文化惠民工程，结合爱国歌曲大家唱、"我们的节日"主题活动等，组织志愿者协助做好社区文化活动组织、基层文化骨干培训、非物质文化遗产保护、网络技术指导、实用技术培训和书目推介等工作。广泛开展西部文化建设志愿服务活动，扎实推进全国文化志愿者边疆行活动，促进文化交流，繁荣发展边疆民族地区基层文化。

2014年2月，中央精神文明建设指导委员会印发的《关于推进志愿服务制度化的意见》中强调，"开展志愿服务，是创新社会治理的有效途径，是加强新形势下精神文明建设的有力抓手"，"推进志愿服务制度化，对于推动志愿服务持续健康发展、促进学雷锋活动常态化，对于培育和践行社会主义核心价值观、在全社会形成向上向善的力量，具有十分重要的意义"。

2016年7月，中宣部、中央文明办、民政部等八部门联合印发的《关于支持和发展志愿服务组织的意见》中明确提出，到2020年，基本建成布局合理、管理规范、服务完善、充满活力的志愿服务组织体系。志愿服务组织是以开展志愿服务为宗旨的非营利性社会组织，是汇聚社会资源、传递社会关爱、弘扬社会正气的重要载体，是形成向上向善、诚信互助社会风尚的重要力量。要坚持以党的建设为正确引领，坚持以培育和践行社会主义核心价值观、满足人民群众日益增长的社会服务需求为出发点，以能力建设为基础，以建立健全政策制度、完善体制机制、增强法律保障为重点，积极扶持发展志愿服务组织，为加强和创新社会治理，为实现"两个一百年"奋斗目标、实现中华民族伟大复兴的中国梦凝聚力量。

2016年12月，中宣部、中央文明办等七部门联合印发的《关于公共文化设施开展学雷锋志愿服务的实施意见》中强调，到2020年，基本建成公共文化设施志愿服务组织体系、志愿服务项目体系和志愿服务管理制度体系。公共文化设施志愿者队伍不断壮大，志愿服务组织充满活力，志愿服务活动广泛开展，成为全社会学雷锋志愿服务的品牌、传承和弘扬中华优秀传统文化的窗口、培育和践行社会主义核心价值观的重要阵地。

2016年12月，文化部、国家新闻出版广电总局、国家体育总局、国家发展改革委、财政部联合印发的《关于推进县级文化馆图书馆总分馆制建设的指导意见》中强调，要引导社会力量参与总分馆制建设，大力推进文化志愿服务，动员社会专业人士参与总分馆制管理运行。

2019年3月，文化和旅游部、中央文明办印发的《2019年文化和旅游志愿服务工作方案》，对"春雨工程"——全国文化和旅游志愿服务行动计划、"阳光工程"——中西部农村文化志愿服务行动计划、"圆梦工程"——

农村未成年人文化志愿服务计划做出安排，并提出加强组织领导，坚持需求导向、项目带动，加大宣传动员力度，坚持务求实效，切实保障志愿者合法权益的要求。

2024年4月，中共中央办公厅、国务院办公厅印发的《关于健全新时代志愿服务体系的意见》中提出，"着眼培育文明风尚，深入开展科普、文化、文艺、精神文明、文化遗产保护传承、体育健身、自然教育等志愿服务"，"开展集中服务，抓住重要节庆节日等契机，组织内涵丰富、形式多样的普惠志愿服务。深化日常服务，依托群众身边站点，发挥窗口单位作用，开展长流水、不断线的志愿服务"。

（五）文化标准对文化志愿服务提出要求

2010年12月，出台的《第一批国家公共文化服务体系示范区（项目）创建标准》中未设置文化志愿服务方面的指标。

2013年5月，出台的《第二批国家公共文化服务体系示范区（项目）创建标准》中要求，加强文化志愿者队伍建设，将文化志愿服务纳入了示范区创建标准。

2015年4月，出台的《第三批国家公共文化服务体系示范区（项目）创建标准》中要求，发展文化志愿服务，结合本地实际，建立和完善文化志愿者注册招募、服务记录、管理评价和激励保障机制。创新服务内容、工作方式和活动载体，探索具有地方或行业特色的文化志愿服务模式。

2017年8月，出台的《第四批国家公共文化服务体系示范区（项目）创建标准》中要求，发展文化志愿服务，政府有关部门要对公共文化志愿服务给予必要的指导和支持，建立管理评价、教育培训和激励保障机制。公共文化机构要建立文化志愿者注册招募、服务记录、保障等机制，组织开展文化志愿服务活动。

三、文化志愿服务对公共文化服务体系建设的积极作用

文化志愿服务是供给公共文化服务队伍和公共文化产品的重要力量，也是一项融入国家文化发展总体战略的重要部署。在全社会大力弘扬志愿服务精神，开展参与广泛、机制健全、内容丰富、形式多样的文化志愿服务，不断创新志愿者服务内容，培育志愿服务品牌，对公共文化服务体系建设具有重要的促进作用。

（一）文化志愿服务是公共文化服务体系建设的重要力量

公共文化服务是由政府主导、全社会共同参与的文化供给模式。目前，我国已初步建立起覆盖城乡的公共文化服务基础设施，但与此不相适应的是，公共文化服务的人才队伍建设跟不上硬件建设，专业人员力量缺乏的问题日益突出。发展培育文化志愿者队伍，增强文化服务水平和能力具有重要意义。文化志愿服务可以有效缓解公共文化服务组织机构的工作压力，既能够加强与基层群众的联系，又可以解决人员不足、机动性不强、服务不到位等问题。我国文化志愿者队伍发展迅速、充满活力，在丰富人民群众文化生活、创新文化服务、传播社会主义核心价值观方面发挥了不可忽视的作用。

（二）文化志愿服务丰富公共文化服务的方式

开展公共文化服务的目的是满足人民群众的文化需求和社会发展的需求。人民群众对文化的需求，既有共性，也有着鲜明的多层次、多元化的文化需求。文化志愿服务力量庞大、结构丰富、人才聚集，有效拓宽了公共文化服务的空间，更好地满足了群众不同层次、不同方面的文化需求。文化志愿者开展文化志愿服务活动，通过亲身体验去感知人民群众的精神文化需求，具有很强的社会感召力、感染力，因地制宜地为人民群众提供

丰富多彩的文化服务和文化产品。

（三）文化志愿服务繁荣基层文化生活

文化志愿服务能够充分动员和有效利用各种社会资源服务社会，可以通过合作或购买服务的方式延伸公共文化服务的广度与深度，并根据服务对象的不同需求及时调整服务方式和服务内容，满足群众多样化、多层次、多方面的文化需求。文化志愿者可以更好地与群众沟通，通过真实体验，感知群众的需求，提供无缝隙、多元化的文化服务，避免公共文化服务供给与需求的失衡，并满足日趋复杂且不断增长的个性化文化需求。

（四）文化志愿服务提高人民群众的社会责任感

以"利他、济世、慈善、友爱"为核心理念的文化志愿服务精神是社会主义核心价值观的体现形式。文化志愿服务是一种社会正能量，践行了"人人为我，我为人人"的公益理念，不仅能够使文化志愿者的精神境界得到洗礼和升华，还能够感染、感化人的心灵，消除人与人之间的隔阂，唤醒、激活人性中最善良、最纯真、最高贵的品质，提高人民群众的综合素质，发挥道德模范作用。

（五）文化志愿服务促进文化志愿者自身的全面发展

作为一种社会实践活动，文化志愿服务能够使人自由地发展、发挥其才能和力量，在促进人的自由全面发展中具有重要作用。文化志愿者在奉献他人和社会的同时，获得了学习、成长的机会，开拓了知识和视野，增长了技能和才干，丰富了阅历和体验，增进了对社会的认知和理解，并获得精神的满足和心灵的充实。

第二节 文化志愿服务助推公共文化服务体系建设的实践

文化志愿服务越来越注重专业性、广泛性和计划性，在加强志愿者队伍建设的基础上，不断开拓服务范围、创新服务方式、丰富服务内容，在助推公共文化服务体系建设的过程中取得了很多成功的经验。

一、文化志愿服务助推公共文化服务体系建设的成功经验

（一）参与文化场馆管理工作

故宫博物院志愿者团队成立于2004年12月，服务内容涉及讲解、咨询、参与教育项目、志愿宣讲以及宣传与保护工作，每位志愿者每周为公众服务一次，每次不得低于两小时。经过20余年的实践检验，故宫博物院志愿者团队堪称管理规范、人员稳定、结构合理、服务高效的优秀志愿者团队，多次荣获全国及省部级荣誉称号和奖项。

首都博物馆在20世纪90年代开始引入志愿者，是国内最早引入志愿服务的博物馆之一。2006年，首都博物馆志愿服务团队正式成立，志愿者主要从事展览讲解、展厅疏导和教育推广等工作。该志愿服务团队有着严格的管理制度，并建立了淘汰和退出机制。志愿者需要掌握与北京历史文化和首都博物馆文物藏品有关的历史、艺术、科学等知识，服务领域广泛，不仅限于展厅，还要走出博物馆开展社会公益活动。

盐城市图书馆学会联合县（区）图书馆，进行公益资源整合，运用图书馆平台，邀请图书馆读者、全民阅读志愿者、文化志愿者、公益单位、慈善组织以及社会各界爱心人士，组建文化志愿者队伍，在全市范围内推出了以"图书馆公益联盟"为依托的志愿者系列活动。以文化志愿者为骨

干力量，统一"文化、志愿、服务、基层"四个元素，以公益服务为主导，以基层群众为服务对象，结合公共文化设施、文化惠民工程、重要节日纪念日、关爱弱势群体工作等，组织讲座培训、文艺活动、文化展示、捐书赠书等一系列文化志愿服务活动，调动志愿者发扬"奉献、友爱、互助、进步"的志愿精神，深入乡镇、社区、学校、企业等，引导基层群众创造文化、参与文化、享受文化，推动实现公共文化服务均等化。

张家港市文化馆文化志愿服务团打造的"家长讲坛"文化志愿服务项目，招募在文化馆参加少儿艺术培训的学员家长和热心公益的社会人士，利用周末、暑期为馆内学员家长及周边社区家庭提供剪纸、书画、阅读、医疗、育儿等多方面的公益讲座。志愿者多为教育、文化、旅游、卫生、理财等领域的专业人士，通过分享子女教育、家庭生活、健康生活等方面的心得与体会，共同营造适宜未成年人健康成长的社会环境，从而推进全民艺术普及，促进群众文明素养提升。

（二）参与文旅深度融合工作

2004年以来，上海市徐汇区文化馆围绕"建设独具魅力一流文化强区"的目标，创新思维方式，整合文化资源，与区域内的上海音乐学院以项目合作方式，引导学校优秀学生以志愿者身份参与公共文化服务，在徐家汇公园小红楼南广场培育了"徐家汇公园星期音乐会"活动项目。音乐会在每年4月至6月、9月至11月的每周六下午准时与观众见面，音乐会的舞台不断增加演出元素，已经成为高校学生社会实践的舞台和社会组织成长发展的平台。演出人员都是来自区域内文化院校的师生和音乐类社团的文化志愿者，服务范围包括提供文艺演出、文化配送、艺术普及、文艺辅导等文化志愿服务。同时，音乐会还培养了一批观众志愿者，自发地参与了活动引导、秩序维护等演出服务工作。

秦皇岛市北戴河"街头音乐文化人"志愿服务活动始于2003年，各行各业的文化志愿者每年7月至8月的晚上在石塘路步行街、奥林匹克大道公园、沿海重点部位等20多个重要旅游点位,以传统文化与现代流行文化相结合的模式,展演展示器乐演奏、舞蹈戏曲表演、美术创作等,丰富了市民和游客的文化生活。活动中,演员们还义务提供指路导航、紧急救助、捡拾垃圾、看管物品等帮助,有助于提高市民和游客的精神觉悟,传播正能量。目前,该志愿服务活动已成为北戴河夏日里的一道亮丽风景线。

(三)参与文艺创作研究工作

山西省和顺县"文化民生,幸福和顺"品牌活动推进文化志愿者精品活动成果化。阳光工程文化志愿者组织编辑出版了《和顺牛郎织女文化》《夫子岭弦腔》《风台小戏》等书籍,创排演出剧目《县长遛牛》《壮志酬》,地方文化鼓乐《石勒选将》获得全国群星奖。

苏州博物馆志愿社是苏州博物馆的志愿者团队,成立于2006年12月,以弘扬吴地文化、服务社会公众为使命,建立了一站(博物馆文化传播工作驿站)、两团(历史文化宣传团、精品展览讲解团)、多点(面向社区、学校、农村、企事业单位和特殊群体机构的网点服务)的博物馆文化传播方式,获得了中国博物馆优秀志愿服务团队称号。团体实行全面自主管理,每年组织面试、培训、考核,选优立新,通过规范有序的服务,传播"奉献、友爱、互助、进步"的志愿服务理念。

北京市西城区第一文化馆于2011年5月7日正式启动"温馨影院"文化志愿服务项目,主要内容是为盲人朋友播放电影。播放前,需对电影旁白配音,将复杂的剧情结构、交错的人物关系、多变的场景环境转化为详尽的语言,让盲人朋友最大限度地"听懂""理解",享受电影带来的快乐。该项目建立了盲人数字电影译制志愿者团队,已译制影片12部。

赣州市章贡区心连心艺术团满腔热情投入文化志愿服务中,每年演出、授课近百场次,参与"百姓大舞台""我们的节日"等演出,并经常开展

"送戏下乡"志愿服务。艺术团引入赣南采茶歌舞戏，传播、传承赣南采茶非遗文化，编排了具有浓郁采茶艺术元素的行当表演《赣南采茶誉中华》《斑鸠声声迎春到》等文艺节目，十分受欢迎。

（四）参与文艺辅导培训工作

由绍兴市文化馆牵头全市 6 家县（区）文化馆实施的"文艺专家门诊"是由一项在全民艺术普及基础上服务更为精准化的全市联动的文化志愿服务项目。"门诊"志愿者主要为来自全市 7 家公共文化馆各艺术门类的优秀业务骨干和各艺术家协会理事以上的专家及高校老师等。项目建立了细致的服务标准，采取"门诊"服务形式，组织专家"坐诊"，通过群众与专家的精准对接，提升全民艺术普及质量；通过典型示范，推广专家型文化志愿服务；通过扩大影响，吸引更多文化志愿者参与全民艺术普及，提供了可复制、可借鉴、易推广的文化志愿服务项目范本。

成都市文化馆打造的"文化连锁店"志愿服务品牌项目打破行政体制界限，突破阵地服务局限，以公益艺术培训为主打服务内容，以文化志愿者为服务载体，充分调动社会资源，利用各类社会空间，面向基层群众按需打造综合性文化志愿服务空间。已建成两个项目示范点位，志愿服务场馆面积达 3000 平方米，参与志愿服务累计 2592 人次，受益人群超过 80 万人次。

伊宁市文化馆"文化钟点工"志愿服务项目，采取按需配送的方式开展服务，组建以文化馆业务人员为骨干、社会艺术人才为补充的基层文化志愿服务网络，建立"文化钟点工"信息库并签订协议，完善志愿者服务活动登记、保障、管理、奖励制度，定期开展文化志愿者业务培训，年培训人数超过 2000 人，丰富多彩的文化志愿服务活动丰富了农牧民的精神文化世界，也成为提升农牧民文化艺术素养的有效载体和乡风文明建设的助推器。

（五）参与群众艺术普及工作

中国美术馆于 2006 年开始开展志愿服务，内容包括展厅导赏、举办专题教育活动、校园艺术辅导、基层艺术宣讲、新闻宣传、外语翻译、摄影设计、资料整理等，年平均服务观众 6 万人次。中国美术馆以"共享艺术的快乐"为志愿服务理念，实现了体系化培训、制度化管理、人性化服务，志愿者在学习、培训、服务中享受艺术的快乐，志愿服务能力和服务效能不断提升，志愿者常年稳定在 100 余人，流失率较低。

台州市文化馆"文化超市 3.0"公益艺术培训志愿服务，本着"文化为民、文化惠民、文化利民"的方针，坚持零收费、零门槛的原则，使更多市民享受到艺术的滋养，提高了市民的艺术素养，实现了其艺术梦想，受到市民的欢迎，成为台州市文化建设事业的一张金名片。

（六）参与基层公共文化工作

银川市文化艺术馆依托公共文化基础设施，着力打造"文化惠民·花开四季"文化志愿活动，相继开展了"湖城之夏·广场文化季"玉皇阁广场文艺演出、"幸福银川"广场民族健身舞创作与推广、银川市"文化进万家·志愿基层行"新春慰问演出、市民文化艺术节、社区文化艺术节、文化志愿培训辅导等系列文化志愿品牌活动。同时，加强文化志愿服务管理与创新，推进文化志愿制度管理，为群众提供了内容丰富、形式多样的文化志愿服务，有力推动了基层公共文化的发展。

张掖市高台县组建了"背包客"文化志愿者服务队，围绕文化乐民、文化惠民的目标，结合全县精准扶贫、双联行动、"快乐老乡"示范引领活动等，广泛开展关于文化志愿服务活动，让广大基层群众得实惠、感觉恩，为丰富基层群众的文化生活贡献积极力量。

（七）参与弱势群体服务工作

重庆图书馆是公共文化设施开展学雷锋志愿服务首批 61 个示范单位之一，志愿者与重庆图书馆服务品牌共同成长。重庆图书馆志愿者团队成立于 2010 年，通过项目建设细分专业，成立了助盲、读者服务、外语、专家、心理辅导等 5 支服务队。志愿者在"周末故事会"中扮演"故事姐姐"辅导少儿阅读，在"重图讲座"中担任主持人、速记员，在"农民工服务联盟"帮助农民工网上订购火车票返乡团圆，外籍志愿者在"英语角"中介绍多元文化。常驻的心理专家、阅读推广志愿者等跟随图书馆走遍偏远山区，为留守儿童心理疏导搜集第一手的数据，以阅读为他们打开通往外面世界的窗户，涌现出"猪圈上的图书馆""为重症肌无力患儿找妈妈"等感人片段。

成立于 2013 年的郑州图书馆学雷锋文化志愿服务队，积极开展参观预约、志愿讲解、文明引导、后勤保障等服务，持续实施"送知识、送温暖"关爱弱势群体精神文化生活志愿服务项目、"爱心图书漂流"志愿服务项目，积极参与公共文化服务惠民进基层志愿服务活动，不断扩大文化志愿服务的社会影响。

岳阳市"文化进高墙 知识促改造"文化志愿服务项目通过整合市直公共文化场馆和社会各级各单位资源，在岳阳监狱建立岳阳市"文化进高墙 知识促改造"文化志愿服务活动社会帮教基地、流动博物馆、爱心图书室、艺术辅导培训基地、廉政教育基地等平台，组织市直专业文艺院团和社区文艺团队进监狱开展慰问演出。在监狱设立岳阳文化遗产保护专题展览专门展厅，举办"岳州讲坛"公益讲座讲授优秀传统文化、日常礼仪、艺术鉴赏知识，并组织专业人士为服刑人员开展法律援助、心理辅导等服务，形成文化部门牵头、其他部门协作、社会广泛参与的工作格局。岳阳监狱通过开展文艺汇演、演讲竞赛、征文比赛、主题报告等系列文化活动，逐步形成了"一监区一特色,一监区一品牌"的发展格局。

秦皇岛图书馆于2003年10月成立了河北省首家盲人图书室,建立了扶盲助残志愿者QQ群,在残疾人和志愿者间搭起纽带和桥梁,定期组织志愿者在盲人相对集中的诊所,开展为盲人诊所做卫生、维护盲人电脑、送书上门、面对面朗读等日常助盲活动。盲人图书室以服务弱势群体为契机,全方位联络社会各界爱心人士,创造性地开展丰富的阅读推广和文化助盲活动,先后被评为"全国盲人阅读推广优秀单位""五星级文化助盲志愿服务团队"。

(八)参与传统文化传承工作

浙江美术馆"艺游乡里——乡村儿童美育计划"志愿服务项目以志愿者为策划和实施主体,围绕"乡村"主题,以文化礼堂、乡村中小学、文化馆为基地,为乡村青少年群体提供高质量的艺术教育服务。志愿者们深入乡村,结合浙江美术馆藏品特色资源,为乡村小学打造全新艺术教室,设计系列艺术课程,提供免费教具画材,并走进50多个村落,为50名非遗传承人完成口述史访谈并建立影像档案。在乡村文化礼堂举办了一系列乡村艺术公开课,内容涵盖了绘画、雕塑、篆刻、布艺、织染、戏曲等10余个艺术门类。

秦皇岛市青龙满族自治县文化主管部门为推进基层文化建设,助力精准扶贫,开展了"精准扶贫·送戏下乡"志愿服务工程,将"精准扶贫"与"送戏下乡"相结合,由来自全县17个演出团体的160多名文化志愿者送戏下乡开展公益演出,走遍了全县的偏远山村。演出的节目既有时尚的现代歌舞,又有精彩的传统戏剧,还有深受群众喜爱的青龙皮影戏,通过老百姓熟悉的文艺形式增强群众依靠勤劳双手发展生产、自力更生的顽强意识。

二、文化志愿服务助推公共文化服务体系建设存在的问题

文化志愿服务虽然已取得很好的成效，但在助推公共文化服务体系建设中还存在着一些问题和困难，需要逐步加以解决、完善。

（一）文化志愿服务后备力量不足

文化志愿者注册招募、文化志愿服务考评激励、文化志愿服务运行管理等方面还需要进一步强化和完善。文化志愿服务队伍存在"三多（老年人多、群众多、非专业人员多）三少（年轻人少、体制内人员少、专业人员少）"现象，文化志愿服务群体的来源单一，人员结构老龄化，文化志愿服务队伍的后备力量不足。

（二）文化志愿服务保障有待完善

文化志愿服务的保障有待加强，文化志愿者在开展文化志愿服务时，应得到相应的保障。一些大型文化志愿服务活动时间长、参与人员和环境复杂，文化志愿者在长时间的工作中，身心会有一定的压力。只有为文化志愿者提供基本生活、安全以及其他必要的保障，才能够留住志愿者，使他们安心地投入文化志愿服务。

（三）文化志愿服务项目内容单一

部分文化志愿服务并未对群众的需求进行认真调研，也未经细致策划，文化志愿服务停留在"送文化"阶段，导致提供的文化志愿服务针对性较弱，开展的文化志愿服务项目的内容、质量都与群众的实际需求存在着一定的差距，难以满足人民群众多元化和个性化的实际需求。文化志愿者与参与者之间的互动较少，缺少供需之间的对接和沟通，参与者只是被动接受，对活动的内容和形式不加选择和辨别，导致文化志愿服务内容单一，

缺乏地域性鲜明、有针对性、特点突出的志愿服务项目。

（四）文化志愿服务短期现象明显

部分文化志愿服务活动的临时性特征较为明显，服务走马观花，热衷于做表面文章，不能长期、持续地开展文化志愿服务，看起来轰轰烈烈，实则没有太多意义，不但无法达到预期效果，也使文化志愿者、被服务者对文化志愿服务失去信心，甚至产生质疑。部分文化志愿服务活动的举办单位没有培训文化志愿者的长效机制，招募未经系统培训、文化素质偏低的临时志愿者，使文化志愿服务活动缺乏规范，造成人力、财力、物力的浪费。

（五）文化志愿服务理念不够深入

部分文化志愿服务活动的举办机构和文化志愿者对"奉献、友爱、互助、进步"的文化志愿服务精神和文化志愿服务的目的、意义的理解存在误区，缺乏对志愿文化理念的正确认识，主动服务意识不强，帮助他人、服务社会的自觉性、积极性有待进一步提高。

（六）文化志愿服务提升个人价值的作用有限

文化志愿服务缺乏系统化、有针对性的培训，也没有为文化志愿者提供有利的成长机会，对于提升文化志愿者的个人技能、素质、影响力和自身价值的作用有限，一定程度上影响了文化志愿者参与文化志愿服务的积极性。受文化志愿服务活动的理念、角度、内容、形式、参与者、受众群体等多方面因素的制约，部分文化志愿服务质量偏低，也影响了文化志愿者参与文化志愿服务的积极性。

第三节 文化志愿服务助推公共文化服务体系建设的策略

要实现文化志愿服务助推公共文化服务体系建设的制度化、导向化、规范化、专业化、集约化、特色化、示范化，因地制宜、按需供应地开展文化志愿服务，为公共文化服务体系建设作出积极的贡献。

一、实现文化志愿服务助推公共文化服务体系建设的制度化

（一）加强法制建设

文化志愿服务可持续发展离不开法律法规的保驾护航。立法是法制建设的重要途径与最高表现形式，也是文化志愿服务法制保障体系的基础。文化志愿服务作为一种新型的社会关系，需要通过立法进行规范。文化志愿服务的立法不但有利于提高人民群众对文化志愿服务的认知水平，也有助于文化志愿服务事业得到社会各界的广泛支持。

（二）完善配套制度

由于经济社会发展的不平衡，文化志愿服务很难用"一把标尺"解决所有问题，在尊重政策法规和考虑现实差异的基础上，需要精细化、具体化相关措施，以增强可执行性与可操作性。按照《文化志愿服务管理办法》等政策法规以及相关的规范、标准、要求，结合本地、本单位工作实际，制定推出文化志愿服务配套措施，建立体系化的配套制度、机制和实施细则，形成多层次、多领域的专业化文化志愿服务制度体系。

（三）制定发展规划

对一个时期内的文化志愿服务进行规划，明确文化志愿服务在不同时

期的目的、意义、作用、指导思想、目标任务、工作举措、保障措施等。同时，从志愿者队伍建设、管理入手，设置明确的志愿者发展、志愿服务团队建设的目标，并围绕目标组织实施文化志愿服务规划。

二、实现文化志愿服务助推公共文化服务体系建设的导向化

（一）加强宣传推广

普及文化志愿服务理念，有助于社会大众树立正确的价值观，有助于将文化志愿服务精神转化为大多数社会成员的集体意识和共同价值追求。要加大对文化志愿服务的宣传力度，拓宽信息发布渠道，增强信息传播的辐射能力，加强与公共媒体平台、自媒体平台、高校社交平台等新传媒的联合与互动，运用新闻报道、公益广告等形式，广泛宣传文化志愿服务活动的先进典型，大力弘扬文化志愿服务的理念与精神，让文化志愿服务理念得到社会各界的广泛认同，引导人民群众尊重文化志愿者及其付出的劳动，营造有助于文化志愿服务发展的良好舆论氛围。

（二）创作专题作品

要积极创作生动感人的文化志愿服务专题文艺作品，影视、戏曲、文学等不同艺术门类的作品要传播与弘扬文化志愿服务的正能量，展现文化志愿者良好的精神风貌和道德情操，加深人民群众对文化志愿精神的理解，为文化志愿服务理念的普及创造良好的文化环境。

（三）加强学术研究

梳理文化志愿服务成功的、失败的案例，分析共性问题，深度研究文化志愿者在社会中的地位、作用及发展的方向，有针对性地形成调研报告，为发展文化志愿服务提供理论支撑。同时，大力宣传推介研究成果，促进

研究成果转化，推动文化志愿服务的发展。

三、实现文化志愿服务助推公共文化服务体系建设的规范化

（一）规范日常管理

完善文化志愿服务管理制度，做好日常管理，细化文化志愿服务项目、安全管理以及文化志愿者招募管理、年度考核管理、档案管理、证件资料管理等，制定、实施本地本单位的文化志愿服务章程、管理办法。明确文化志愿服务流程，实现管理流程化、内容标准化，提高工作效率和服务效能，编制文化志愿者工作手册。建立健全文化志愿者的档案管理，做好对文化志愿者参加志愿服务的时间登记、活动开展情况登记、文化志愿者人员情况登记等工作，汇集信息资料。

（二）建立管理平台

建立文化志愿服务工作站，以社会在职人员为主体、以高校大学生为辅助、以第三方科技公司为支撑的文化志愿服务管理平台。引入包括在校大学生、社会在职人员等在内的第三方管理人员，实现自我管理，并介入招募、培训、管理、评价、项目、活动策划等工作。同时，引入网络公司、新媒体公司等第三方的技术资源，实现文化志愿服务注册登记、日常服务记录等的数字化管理。

（三）合理设置岗位

要为文化志愿者打造交流、实践的社会平台，合理设置阵地岗位和活动服务岗位。分梯度、分层级地对文化志愿者可以参与的服务与活动进行岗位规划与设计，形成大学生志愿者、特长类志愿者、专家志愿者等相结合的岗位设置，做到文化志愿服务岗位专业化、标准化。同时，通过为文

化志愿者搭建平台，实现跨界资源联动，为文化志愿者提供更多的社会实践平台，使文化志愿者在参与志愿服务的过程中，提升人际沟通、活动的组织与策划、公共服务礼仪等方面技能。

四、实现文化志愿服务助推公共文化服务体系建设的专业化

（一）拓展人员渠道

扩大文化志愿服务的宣传力度和影响力，依托社会资源发展专业的志愿者服务队伍，广泛动员组织专家学者、艺术家、优秀企业家等社会知名人士参加志愿服务，重点积极鼓励更多的年轻人参与到文化志愿服务队伍中来。文化志愿服务团队应为文化志愿者开展文化志愿服务活动出具相关证明。特别是要与高校建立联系与合作，吸纳有热情、有志愿精神的青年文化志愿者加入，高校可以将学生参加志愿服务的情况纳入学生的综合考核评价中，激励更多的学生参与文化志愿服务，扩大文化志愿服务团体的范围和规模。

（二）优化队伍结构

采取公开招募与定向邀请相结合的方式，逐渐形成专家学者型、专业型、兴趣型等相结合的志愿者服务结构。严格队伍准入门槛，组建专业化面试队伍，完善面试标准与面试流程，丰富面试形式，将宣讲环节纳入志愿者招募面试培训之中，通过工作人员或优秀志愿者的宣讲，将文化志愿者的理念、制度与活动进行口头化的表达，增强应聘者的感性认识，避免其盲目选择。

（三）丰富培训内容

制定专门针对文化志愿者的培训制度，明确培训目的、培训范围、培

训内容、培训课时、培训方式、培训管理、培训评估等，做到因材施教，制定适合各类人才的培训方案，形成科学、合理的培训体系。把握培训与服务并重的基本原则，精心策划组织志愿者素质与技能培训系列课程，组织文化志愿知识技能培训、学术讲座、学术研讨交流等活动，进一步提高文化志愿者的服务意识、文化素养、专业知识、业务技能和艺术实践水平，培育素质高、专业性强的文化志愿者，推动文化志愿服务的可持续发展。开展不同专业文化志愿服务的专业知识培训，还要开展团队建设、沟通技巧、社交礼仪、心理健康、项目运作等方面的培训。

（四）建立退出机制

建立文化志愿者、文化志愿服务项目、文化志愿服务活动的退出机制。及时确认、录入、储存、更新和保护文化志愿服务记录，根据服务记录和实际情况，退出已不具备文化志愿者资格的人员，并退出不适合继续开展的文化志愿服务项目和活动，避免有进无出。

五、实现文化志愿服务助推公共文化服务体系建设的集约化

（一）加大经费投入

可以按照"财政拨一点，服务单位出一点，社会捐一点"的方法筹集文化志愿服务活动专项基金，为推进文化志愿者队伍建设打好坚实基础，为文化志愿服务提供强有力的物质保障。鼓励企业和社会各界人士参与到文化志愿服务当中，赞助文化志愿服务，以促进文化志愿服务活动的长期开展。

（二）开展服务评价

可以在星级管理"小时累积法"的基础上，辅之以问卷调查、深度访

谈等评估方式，加入满意度指数，并结合第三方评价，将被服务人员的反馈与文化志愿者、文化志愿服务团体的绩效积分挂钩，尽量做到科学、公开、公平、公正，保证服务评价的准确性、真实性。同时，完善文化志愿者星级认定制度，根据文化志愿者、文化志愿服务团体的服务时间和服务质量，给予相应的星级认定。

（三）组织评先评优

组织开展优秀文化志愿服务团队、优秀文化志愿者评选活动，颁发荣誉证书，向优秀文化志愿者所在单位及时反馈信息，并向全社会宣传报道先进事迹，赢得社会各界对文化志愿者的尊重，激励、鼓舞文化志愿者，提升文化志愿者的工作热情，保持文化志愿者的工作积极性。

（四）实施积分制度

探索实施文化志愿服务时长积分制度，累积的文化志愿服务时长可以用于服务置换或积分兑换。特别是可以充分发挥公共文化服务的公益性、群众性优势，积极寻求与剧院、电影院、书店、咖啡店、超市等的合作，设立相应的积分商品，为文化志愿者的爱心积分提供相应的社会性"报酬"，调动全社会参与文化志愿服务的热情。

（五）提供适当福利

建立"文化志愿者补偿机制"，在为文化志愿者购买人身伤害保险的基础上，为文化志愿者提供免费参加文化机构组织的各类文化活动、免费观看演出活动等服务，引导和鼓励更多人参与文化志愿服务活动，有效推动文化志愿服务的健康发展。

六、实现文化志愿服务助推公共文化服务体系建设的特色化

（一）创新服务内容

借助文化志愿服务的基础、特点和优势，不断创新服务的内容、工作方式和活动载体，探寻具有地方、行业、团队、项目特色的文化志愿服务模式，彰显文化志愿服务的人文情怀。结合服务队伍的专业优势，从服务内容、方式及活动载体等方面创新发展，拓展图书借阅服务、公益讲座服务、网络文化宣传服务、文化遗产普查服务等文化志愿服务内容，用丰富的特色服务内容满足人民群众不同的文化需求。

（二）打造服务品牌

依托文化惠民工程和系列文艺活动，结合重要节日、纪念日，大力开展公共文化志愿服务"送文化下基层"演出活动，书法、绘画、摄影展览活动以及文化旅游深度融合的文化志愿服务项目，打造特色文化志愿服务品牌。

（三）建立互动平台

建立操作简单、实施性强、受众面广的互动平台。为文化志愿者建立网络资料卡，登记文化志愿者的个人信息、服务意愿、专业特长、服务情况等信息。实现文化志愿服务供需的有效衔接，提高线上呼叫、线下服务效率，有效提升文化志愿者及文化志愿服务机构的管理与服务能力。可以设立微信文化志愿者联盟群，并分设摄影、声乐、器乐、舞蹈、戏剧、美术、手工艺等门类齐全的学习交流分群。

（四）提高用户意识

经济社会的快速发展，要求文化志愿服务要提高用户意识。文化志愿

服务要建立透明的服务信息公开渠道，群众可以对文化志愿服务提出意见和建议，使群众在享受文化志愿服务时，不再只是被动的接受者，而是转变为主动的参与者、评价者，助力文化志愿服务走特色化发展之路，也为文化志愿服务提升服务效能提供有力支撑，提高文化志愿服务的知名度和美誉度。

七、实现文化志愿服务助推公共文化服务体系建设的示范化

（一）创建示范项目

要树立文化志愿服务品牌项目管理意识，建立文化志愿服务品牌的奖励制度，通过评比、帮扶和宣传推广等形式，发展与全域旅游、乡村振兴战略、新型城镇化建设、精准扶贫、创业创新、科学普及、素质教育等融合的文化志愿服务项目，形成示范性带动效应。

（二）打造示范团队

深入挖掘地方文化人才资源，培育具有典型示范意义的文化志愿团队，搭建文化志愿者技能、文化志愿服务成果的展示平台，宣传推介优秀文化志愿服务团队获得的成果，增强文化志愿服务的吸引力。

（三）推广示范模式

围绕解决新时代群众不同层次的文化需求与文化志愿服务传统单一的供给方式之间、文化志愿服务的群体性与个体性之间的矛盾，总结文化志愿服务工作的重点、难点，积极探索文化志愿服务助推公共文化服务体系的成功做法，形成具有示范意义的文化志愿服务模式，促进文化志愿服务均等化、均衡化发展。

（四）建立示范基地

结合社会热点，在农村、社区、学校、企业、景区等特定地点建立文化志愿服务示范基地。特别是可以面向弱势群体、困难群众，在福利院、养老院、特殊教育学校、打工子弟学校等建立一批文化志愿服务基地，有针对性地开展特色文化志愿服务。

总之，要拓宽文化实践的视野，发展壮大文化志愿者服务队伍，加强文化志愿服务的建设和管理，深入开展文化志愿服务项目和活动，使文化志愿服务为公共文化服务体系建设作出积极的贡献。

参考文献

[1] 刘芳. 图书馆文化志愿者培训模式的建立与完善 [J]. 河北科技图苑，2014（6）：45-48.

[2] 吴可嘉. 公共文化服务体系建设背景下文化志愿者工作建设研究 [J]. 河南图书馆学刊，2017（2）：108-110.

[3] 周余姣. 保障与方向：对《公共文化服务保障法》社会力量参与公共文化服务条款的解读 [J]. 图书馆论坛，2017（6）：27-31.

[4] 申海英. 文化志愿服务助力公共文化服务体系建设 [J]. 人文天下，2017（14）：61-64.

[5] 杨力豪. 基于文化志愿者服务工作的几点思考 [J]. 文艺生活，2018（2）：154-156.

[6] 唐元玲. 从"自在"到"自为"文化志愿者身份认同与价值构建 [J]. 文化创新比较研究，2018（9）：73-74.

[7] 季晓宇，蔡嘉慧，孙晔. 文化志愿者激励机制的优化与创新研究 [J]. 各界，2019（1）：118-120.

[8] 霍美君. 论建立文化志愿服务品牌的重要性 [J]. 人文天下，2019（16）：

110-111.

[9] 吴宏.浅谈文化志愿者队伍建设[J].文艺生活，2019（8）：256-257.

[10] 张瑛.创新文化志愿服务 提升公共文化服务效能：对新疆基层文化馆（站）开展文化志愿服务的探索和思考[J].西藏科技，2019（10）：14-16.

[11] 党秀云.论志愿服务可持续发展的价值与基础[J].中国行政管理，2019（11）：118-123.

[12] 谷宜萱.浅析文化馆基层文化志愿服务：以玉溪市为例[J].民族音乐，2020（2）：65-67.

[13] 张笑玉.对文化志愿者队伍建设助力公共文化服务的思考[J].今古文创，2020（46）：77-78.

[14] 良警宇.中国青年文化志愿服务的实践与创新[J].中国青年社会科学，2022（1）：19-27.

第二章 文化馆服务线上线下融合发展研究

2023年2月,中共中央、国务院印发的《数字中国建设整体布局规划》中强调,"按照夯实基础、赋能全局、强化能力、优化环境的战略路径,全面提升数字中国建设的整体性、系统性、协同性,促进数字经济和实体经济深度融合,以数字化驱动生产生活和治理方式变革,为以中国式现代化全面推进中华民族伟大复兴注入强大动力"。当前,"互联网+"时代已经到来,在元宇宙技术的引领下,以万物互联为特征的数字技术,正在由表及里地重塑各行各业,形成了互联网与传统产业互相促进、互相融合的良性循环,线上线下一体化发展的快速通道已经打开。文化馆作为建设中国特色社会主义文化强国的重要阵地,承担着"举旗帜、聚民心、育新人、兴文化、展形象"的时代使命,要借助新的技术进步,转变服务思路,创新服务模式,提高服务质量,提升服务效能。

第一节 文化馆服务线上线下融合发展概述

实施"互联网+文化馆"创新服务,促进文化馆服务线上线下融合发展,对加快构建现代公共文化服务体系、文化馆服务提质增效具有重要意义。线上线下融合发展,促使文化馆不断优化资源建设、服务模式、体系延伸、体制创新、活动开展，成为文化馆转型升级发展的重要抓手。

一、文化馆服务线上线下融合发展的内涵

（一）文化馆线上服务

"线上"是随着互联网的诞生和发展而产生和兴起的，也称"数字化"。线上服务是应用现代科技将传统的线下模式搬到线上进行，以便于公众不受时间、空间限制，享受各种服务和体验。

文化馆的数字化服务利用有线的、无线的网络服务方式，通过网站、App、微博、微信等多种渠道，开展资讯资源发布、反馈互动等群众文化服务。线上平台主要包括网络云平台、艺术普及资源库（慕课系统）、线上数字体验空间、网络课堂等。

（二）文化馆线下服务

"线下"是传统的服务模式，是指在固定地点，以现场实地的操作方式出现的路演、发布会、培训、活动、会展等服务模式。由于受到数字化、网络化的影响，文化馆的线下服务模式已不能全面适应公众对文化馆服务的需求和期待。

（三）文化馆服务线上线下相结合

"线上线下相结合"起源于电子商务行业。2010年8月，经过业务分析，Trial Pay 的创始人兼 CEO Alex Rampell 发现 Groupon、Open Table 等公司都是借助互联网平台扩展业务、增加营收，促进了线上线下业务的发展。他将该模式定义为"线上—线下"商业模式（Online to Offline，简称 O2O）。随着时代的发展，O2O 的含义不断丰富，从线上到线下、从线下到线上、从线下到线上再到线下等多种形式，都称为"线上线下相结合"。

文化馆服务线上线下融合发展，起源于20世纪90年代互联网诞生之初，是O2O模式在文化馆领域的延伸和扩展，不仅是一种服务模式，更是一种服务理念。借助移动互联和数字技术，将线下的业务、服务和资源扩展至线上，统一整合资源和服务，丰富服务提供方式，创新创造服务模式。同时，以线上作为线下服务的引导接口，促进文化馆提供各类服务和开展各类活动。

二、文化馆服务线上线下融合发展的时代背景

文化馆服务线上线下融合发展顺应了数字时代发展的潮流，是与移动互联技术进步给人们的生活方式带来的巨大变化相适应的重要转型升级。线上线下融合发展模式，可以为公共文化服务体系建设赋能，有力促进均衡配置各类公共文化资源，搭建起文化馆一体化服务平台，拓展文化馆服务的覆盖面，对满足人们日益增长、不断变化的公共文化需求具有一定的积极意义。

（一）线上线下融合发展的趋势

线上线下融合发展是文化馆发挥价值引导、文化教育、公共文化服务等职能的有效路径和文化馆事业未来发展的趋势。线上服务主要是通过电视、互联网、移动终端、广播等，无需面对面的交流沟通，借助多元化的数字、通信、信息技术传递文化信息，达到宣传、教育的目标，使文化馆的服务更加全面。线下服务主要是指文化馆原有的场馆服务、流动服务等面对面的沟通、交流服务模式。线上线下融合发展的文化馆服务，是传统公共文化服务与新兴公共文化服务一体化发展的模式，公众可以根据自身的文化需求，更有针对性地选择接受服务的方式和内容，具有宣传覆盖面更广、服务效率效能更高、传播传导速度更快的特点，是文化馆创新服务

形式、提高服务品质的重要手段。

文化馆服务线上线下融合发展要从广泛性、普适性的服务向个性化、有针对性的服务转型升级，要从单一的、分散的服务向连续的、系统的服务转型升级；从线上线下分开服务向线上线下互相联通、互相促进的服务转型升级；从内容资源与人的互动向人与人互动、人与内容资源互动转型升级。同时，要提高持续为公众提供服务的能力，使公众能够在线上线下融合发展的文化馆服务中获得成长，增强公众对文化馆的黏性。

（二）政策法规的要求

受到互联网快速发展的影响，文化馆服务线上线下融合发展的趋势更为明显。线上服务通过优化平台结构、客户端界面，使应用更为人性化、更为便捷高效。线下服务通过体验式、一站式的实体文化场馆，使公众无障碍地参加到各类群众文化活动中。当前，文化馆服务线上线下融合发展已有的政策体系能有效指导文化馆充分发挥优势，有效利用资源，更好地提高文化馆的服务效能。

2011年11月，文化部、财政部印发的《关于进一步加强公共数字文化建设的指导意见》中，首次提出"公共数字文化建设"，明确公共数字文化建设是公共文化服务体系建设的重要组成部分。

2012年5月，文化部印发的《文化部"十二五"时期文化改革发展规划》中提出，要大力推动数字文化建设。

2015年1月，中共中央办公厅、国务院办公厅印发的《关于加快构建现代公共文化服务体系的意见》中提出，公共文化服务要实现三个方向的转变：一是从满足人民群众的基本文化需求向满足多样化文化需求转变；二是从提供基本服务向提供优质服务转变；三是从标准化供给向个性化发展转变。

2015年12月，文化部、国家发改委、财政部等七部委印发的

《"十三五"时期贫困地区公共文化服务体系建设规划纲要》中提出，要以数字化手段促进公共文化服务均等化。

2017年2月，文化部印发的《文化部"十三五"时期文化发展改革规划》中要求"全面推进基本公共文化服务标准化均等化……以公共图书馆、文化馆、博物馆、乡镇（街道）综合文化站、村（社区）综合性文化服务中心为重点，以流动文化设施和数字文化设施为补充，统筹规划，均衡配置，推动各级公共文化设施基本达到国家建设标准"。

2019年2月，国家发展改革委等十八部门联合印发《加大力度推动社会领域公共服务补短板强弱项提质量促进形成强大国内市场的行动方案》中再次强调"强化数字文化服务和流动文化服务，不断提高文化惠民工程的覆盖面"的必要性，并提出了"加强公共文化大数据采集、存储和分析处理，建设文化云平台，推动数字图书馆、数字文化馆、智慧博物馆等公共数字文化建设项目"的具体要求。

2021年3月，第十三届全国人大四次会议表决通过《中华人民共和国国民经济和社会发展第十四个五年规划和2035年远景目标纲要》中提出"优化城乡资源配置，推进城乡公共文化服务体系一体建设。创新实施文化惠民工程，提升基层综合性文化服务中心功能，广泛开展群众性文化活动，推进公共图书馆、文化馆、美术馆、博物馆等公共文化场馆免费开放和数字化发展"。

2021年3月，国家发展改革委等二十一部门联合印发《国家基本公共服务标准（2021年版）》，进一步明确现阶段基本公共文化服务范围和标准，强化保障能力；优化人才队伍建设，群文系统注入新鲜血液，完善公共文化人才培养体系，人才队伍更加专业化；坚持补短板强弱项，推进城乡公共文化服务体系一体建设，基础设施建设城乡协同推进；对接国家公共文化云，加强公共数字文化服务能力。

2021年6月，文化和旅游部印发《"十四五"公共文化服务体系建设规划》中强调,"十四五"期间我国公共文化服务体系将逐步开展数字化、网络化、智能化建设,并取得了一定进展。

2022年5月,中共中央办公厅、国务院办公厅印发《关于推进实施国家文化数字化战略的意见》中系统呈现了国家公共文化数字化的战略框架和指引,是面向2035年社会主义文化强国建设需要、谋划我国文化数字化建设总体战略格局的重要文件。该意见明确,到"十四五"时期末,基本建成文化数字化基础设施和服务平台,形成线上线下融合互动、立体覆盖的文化服务供给体系。到2035年,建成物理分布、逻辑关联、快速链接、高效搜索、全面共享、重点集成的国家文化大数据体系,中华文化全景呈现,中华文化数字化成果全民共享。

第二节 文化馆服务线上线下融合发展的实践

文化馆服务线上线下融合发展正处于蓬勃发展的阶段,在适应公共文化高质量发展的外在形势和内在需求方面 不断前行,探索出了新的发展路径,也取得了很多经验和成效。面对经济社会的快速发展和公众对文化馆服务较高的期望值,文化馆服务线上线下融合发展还存在一些短板,需要不断提高文化馆服务的创新、创造能力,使文化馆能够为社会公众提供更加高效、优质的公共文化产品。

一、线上线下融合发展的必要性

(一)适应公众新的文化需求的必然

新冠疫情导致较长一段时间内公共文化服务供给和文化消费的缺项和停摆。在疫情防控期间经历了较大的心理、情感变化后,社会公众的公共文化需求迎来新的高增长期。文化馆作为公共文化服务体系的重要组成部分，要适应社会公众的文化艺术需求，打通与社会公众之间的"最后一公里"，引导提升全民艺术素养，提高社会文明程度，以适合社会公众需要的文化艺术服务，回应公众对文化馆的期盼。

（二）文化馆行业高质量发展的必然

在公共文化服务社会化发展的形势下，文化馆行业逐渐暴露出服务模式传统、竞争力不足等问题。文化馆行业要在做好线下服务项目的基础上，在应用数字化技术、拓宽传播渠道方面发力，努力提高文化服务的社会影响力和吸引力，扩大服务覆盖面。文化馆可以利用微信、抖音等平台，传播具有地域特色的传统文化，也可以将文化馆组织的各类文化活动、文艺培训等的影像资料上传到网络，还可以开启网络直播与社会公众互动。

（三）加快文化馆数字化建设的必然

数字文化馆运用数字化技术突破了公共文化服务的时间、空间限制，使公众可以更加自由、合理、有效地支配自己的时间来享受公共文化服务，也使文化馆的服务效能得到有效提高。数字化技术在公众的学习、工作、生活中具有重要意义，要学习借鉴文化上海云、马鞍山数字文化馆、宁波数字文化馆、江苏公共文化云等文化馆建设先进典型，大力推进文化馆服务数字化建设升级工作。要深度挖掘本地的优秀传统文化，整合优质文化资源，使公众真正感受到文化服务带来的愉悦和益处，使他们乐于参与其中。

（四）文化馆服务模式多元化发展的必然

文化馆提供的文化服务应注重多元化发展，应切合人民群众对文化艺术的需求，根据当前社会的发展现状探索适合新时期文化需求的服务模式。

流动文化服务要常态化，转变原来只是单一场馆服务的模式，采用场馆服务与流动服务相结合的方式，这是一种非常便捷、效果最显著的文化服务方式，急群众之所需，送服务上门，点面结合，做到服务区域内全覆盖。社会上有很多愿意为文化事业作贡献的人才，文化馆可以构建文化志愿者服务机制，将社会上具有专业技能、积极进取的人才吸引进来，整合社会资源，开展独具特色的公共文化服务。可以积极鼓励志愿者参与其中，还可以采用聘任制，让更多的社会人员加入文化服务中心，参与到流动服务工作中来。

（五）拓展公共文化服务空间的必然

要从数字文化服务空间、城乡公共文化空间、文化馆新业态服务空间等三个方面拓展、规划区别于原有场馆服务的文化馆服务空间，形成网络平台、公共数字文化设施、公共数字文化体验场馆等服务模式的矩阵式传播。要注重借助引领行业发展的龙头平台——国家公共文化云的影响力，该平台已初步形成了包括学习强国、人民日报、人民网、央视频等在内的新媒体矩阵，各文化馆可针对各新媒体平台的特点推出要发布的不同内容。

二、文化馆线上线下服务融合发展存在的短板

（一）发展不平衡

文化馆发展不平衡主要体现在区域发展不平衡，省、市、县三级文化馆发展不平衡，经济发达地区与落后地区的文化馆差距较大，省级馆相对于市级、县级馆来说，经济发达地区文化馆相对经济落后地区文化馆来说，拥有更多的财政支持、更加完备的设施建设、更加优越的办馆条件以及更专业的人才队伍。

（二）创新意识不足

人民群众文化需求的多元化发展，要求文化馆在服务内容方面应切合时代发展，创作更多形式新颖、内容丰富的文化节目，要不断创新，才能更好地满足现代人们的文化艺术需求。但实际情况是，文化馆服务创新意识不足，与时代发展、群众需求还存在一定差距。

（三）专业人才配备不足

文化馆的高质量发展离不开高水平的人才队伍。文化馆服务人员的服务意识、服务能力、职业素养参差不齐，人才队伍质量有待进一步提升。文化馆主要是向社会公众提供文艺演出、非遗保护、艺术培训等文化类服务。文化类服务项目是艺术、管理、教育等内容的相互融合，因此，文化馆服务要配备来自不同专业的高素质技能型人才，以满足社会公众多种多样的文化需求。

（四）线上与线下结合度不高

在移动互联网时代，抖音、快手、微信公众号等各类新媒体、新传播渠道丰富多样，吸引着来自不同年龄段的公众。一些文化馆已经习惯了传统的提供线下服务的方式，缺乏线上线下服务融合发展的相关经验，导致文化馆服务线上与线下的结合度不高。文化馆要以线上线下相结合的方式来提升自身的影响力、增强自身的吸引力，加强文化馆服务与新媒体融合建设。

（五）服务内容和质量吸引力不强

文化馆服务的内容、形式、方法等较为传统保守，与人民群众的精神文化需求不相适应。文化服务方向单一，以文化输出为主，群众的认同感和参与感不强。文艺精品力作匮乏，富有时代感、具有吸引力的作品不多，与"喜闻乐见"存在不小差距。近年来，文化馆加大了公益艺术培训投入，开设了各门类的培训班，使市民有更多机会"走进艺术殿堂"。然而这些培训较注重对文化艺术的技能技艺的讲授训练，在内容和质量上有待进一步加强。

（六）服务覆盖面窄

文化馆服务对象存在年龄断层，服务对象主要是"一老一小"，偏重中老年和少年儿童群体。一直以来，文化馆不断探索"总分馆制""联盟体系""十分钟文化圈"等服务模式，努力建立多层次、多角度的服务网络，加快打通公共文化服务的"最后一公里"，取得了一定的成效。然而，文化馆服务能力仍有待进一步提高，服务覆盖面和受益率仍然存在瓶颈，难以突破。

第三节 文化馆服务线上线下融合发展的优化路径

文化馆要适应公共文化高质量发展的外在形势和内在需求，采取线上线下融合发展的模式，不断提高创新服务能力，为公众提供高效、优质的公共文化服务产品。

一、整合区域资源

整合优势资源有利于最大程度地发挥公共文化资源的效能，通过优势互补、互联互通等方式盘活现有的文化资源。

（一）建立文化馆联动机制

利用互联网络打破省、市、县之间的层级壁垒，打破区域壁垒，文化馆间形成优势互补的良好局面。在整合优势资源的过程中，各文化馆要努力探寻自身的优势所在，结合当地人民群众的实际需求，打造具有当地特色的优势文化。这样在文化馆联动的过程中，既可以实现对优势资源的整合，又可以避免出现千篇一律的情况，节约文化资源，最大程度发挥文化资源的普惠性优势。

广东省文化馆牵头，推动建立广东省文化馆联盟，组织全省各级文化馆，统一主题、统一口号、统一宣传、统一行动，开展了广东省2022年"文化馆宣传服务月"活动。活动以"与文化馆一起向未来"为主题，包括"文化馆在你身边"宣传展示、"欢'粤'同行"文化进万家、"文化馆（站）人的一天"宣传展示、"粤才艺"名师导学、"文化馆老友记"招募推广五大版块，线上线下并行，广泛、深入开展文化馆行业服务宣传推广，用心用情服务人民群众，奋力书写群文服务新篇章。

成立于2020年5月的成渝区域文化馆联盟是由重庆市群众艺术馆、四川省文化馆、四川省成都市文化馆指导，先后分两批次组建而成的省际文化馆联盟，其中，第一批次联盟成员馆有15家，第二批次联盟成员馆有22家，初步形成了以区县文化馆为依托、以"成渝地·巴蜀情"为文化品牌定位的文化馆联盟。联盟制定实施了《成渝区域文化馆联盟章程》《成渝区域文化馆联盟盟约》等，组织开展了"成渝地·巴蜀情"成渝区域文化馆联盟文艺精品创作交流会、专业干部才艺展示活动、文化交流专场音乐会、"墨舞成渝·双城齐飞"书画作品联展、成渝地区文化和旅游公共服务及产品采购大会、非遗中秋传习活动等，致力于成为推动成渝双城经济圈高质量发展的文化引擎。

为了整合多地文化资源，共筑合作平台，大力开展跨地区文化交流与合作，打造闪耀着时代精神的群众文化品牌，使群众的文化活动更具活力，让文化发展的成果惠及更多群众，由自贡市文化馆、甘孜藏族自治州文化馆、遵义市美术馆共同举办的"同心筑梦"2020年自贡·甘孜·遵义三地"山水相连"美术作品交流展在自贡市艺术展览厅拉开帷幕，展示了三地各具特色的历史文化和民俗风情作品，这是两省三地的一次文化碰撞和艺术交流，为推动两省三地文化事业的发展起到了积极作用。

"日出东方 花开海上"2021第九届全国文化馆"地市级百馆联动"文旅嘉年华暨2022长三角和部分地级市文化和旅游公共服务产品采购大会"上海站"首站，在上海九棵树（上海）未来艺术中心举办。在该活动中，全国地市级的文化馆带来了具有地方特色的高品质惠民演出，线上直播展演更是让全国人民观赏到了不同地区的风土人情和城市特色，为观众呈献了一场又一场的文化视听盛宴。

"延安过大年"群众文化活动联盟由延安市文化和旅游局、延安市群众艺术馆联合统筹，形成了"市级统筹、区县主体、志愿力量支撑、全域协同"的"延安过大年"群众文化艺术活动联盟机制。该联盟以传统年俗期间延安地区盛行的文化艺术表演活动为特色，不断结合时代和人民的需要对其进行更新迭代，如今"延安过大年"群众文化活动已成为延安人民的"文化家宴"。

（二）实现社会化合作

借助社会力量实现文化馆供给主体及内容的多元混融，糅合社会资源补充供给中的重难点，提高公共文化服务的质量，促成文化内容的专业性及多样性，实现文化馆的供给侧创新。成都市锦江区文化馆与成都市琦芳不打烊书店合作打造锦江和成都的"城市书房"，加强文化馆与民营书店的战略合作，完善社会力量参与公共文化机制。

温州市"文化驿站"并非新建一个独立的馆舍，而是轮流在文化馆、图书馆、博物馆等机构内，或者在书店、影院、咖啡店等社会文化场所内，嵌入式地开辟一个专用空间，定期举办文化艺术分享交流活动，活动由各参与机构联合策划举办，大大降低了活动成本，也实现了活动效益的最大化，促进了各公共文化机构功能的融合。

2020 年，厦门市文化馆举办了首届"非遗购物节"，组织惠和影雕、锡雕等 21 家非遗项目保护单位参与京东、美团、阿里、快手、抖音等电商直播平台开设的"非遗好货"线上活动，同步举办"厦门市非遗云分享"线上直播展播活动，导入全市饮食类非遗代表性产品的购买链接，大力宣传推介厦门的"非遗好物""非遗好去处"和"非遗美食"，促进了非遗文化与消费购物的有效融合。

成都市文化馆打造的"文化连锁店"品牌项目，是以公益艺术培训为主打内容，充分调动社会资源，利用各类社会空间，面向基层群众按需打造的综合性文化志愿服务空间。"文化连锁店"长期向市民免费提供文化活动场地租借、图书阅览、展览、党员教育、科学普及、普法教育、体育健身等多品类服务。目前在成都市天府新谷等地设立的"文化连锁店"，还针对年轻人群、机关人群等实行全民艺术普及培训"送课上门"服务，利用错时、延时服务对政府机关、企事业单位等的工作人员进行舞蹈、声乐、手工等方面的文化艺术培训，让服务空间进一步拓展，让更多人群受益。

为推动公共文化服务与文化旅游市场深度融合，2022 年初，青海省文化馆积极对接青海文旅消费平台，重磅推出总值 200 万元的"欢乐过大年喜迎冬奥会"青海文旅消费券。满满的文旅大礼包为广大人民群众送去了新春的欢畅福利。既促进了老百姓的文化消费，又达到了文化惠民的目的。

（三）建立文化馆服务平台

当前，文化馆线上线下服务平台发展迅猛，但管理、服务的各种标准、规范尚未统一，有可能会造成资源的重复投入和重复建设，也有可能形成文化馆服务的"信息孤岛",使文化馆服务的信息和数据难以共享。文化馆行业要充分发挥优势,积极协调、调动各级文化馆的积极性,共同构建标准统一、互联互通的线上线下融合发展服务平台。

文化馆行业主导线上线下服务平台的相关标准、规范等的制定可以更好地与文化馆事业发展的现状和趋势保持一致,避免造成不必要的资源浪费,也有助于相关标准、规范等的高效实施。同时,标准统一、共建共享、互联互通的文化馆线上线下融合发展服务平台,可以有效破除信息壁垒,畅通文化馆的数据连接,确保馆际之间的各种文化信息资源和数字化服务的交流和共享。

文化馆要探索建立智慧化运营体系,打造集数字资源共享、网上展馆、展演展示、点单服务、艺术培训、场地使用、需求反馈、交流互动、宣传推广等服务项目于一体的智慧化平台。重庆群众文化云平台升级数字文化馆,建立智能平台,集信息发布、服务点单、志愿者管理、大数据统计、数字资源管理、总分馆管理等多项功能于一体,有效推动了各级文化馆站服务数据和服务功能的通联。

建设文化馆线上线下融合发展服务平台,不能只依靠文化旅游行政部门和文化馆,还要吸引企业、社会组织、相关院校和科研机构等社会力量广泛参与。近年来,涌现出了一批文化馆与社会力量合作推出产品和服务的成功案例,对文化馆线上线下融合发展作出了重要贡献,实现了文化馆与社会力量的资源与服务的互联互通。东莞市文化馆与当地媒体合作建立了全国首家媒体文化馆——"南方+东莞云上文化馆",包装升级文化馆线下品牌活动,用移动互联思维、科技通信技术手段等对服务项目和文化活动的策划、流程设置、亮点包装、专业制作等全环节优化升级,形成了线上线下互动结合的服务新模式。

嘉兴市的公益性文化活动——"点单式"线上预约平台"文化有约"创建于 2011 年,是"互联网+"思维在公共文化领域的一次实践范例。图书馆、文化馆、博物馆、大剧院、科技馆、青少年宫、妇女儿童活动中心等 42 家文化单位和社会团体入驻平台。该平台的活动类别涵盖讲座、展览、主题活动等近 10 种。平台经历了诞生、改版、社会力量融合三次升级，相继推出了微信服务号、手机 App 客户端、数字电视终端，线上线下充分联合、有效对接，打通了公共文化全媒体服务的"最后一公里"。

（四）输出优质数字文化资源

在有着海量数据的数字环境下，品质普通、内容单一的单向数字文化传播难以吸引群众的注意。文化馆推出的数字文化产品不是简单地将线下活动平移至线上或将录制的培训课程加载到线上，而是要以优质数字文化资源的建设和输出作为文化馆线上线下融合发展的优先方向和工作重点，提升文化馆的数字文化服务能力。

文化馆要加强数字化资源标准建设，全流程、全过程规范文化馆线上线下服务，建立项目数据、活动数据、直播数据、录播数据等的标准，并建立数据制作、审核、存储、使用、发布的标准化流程。同时，文化馆要加强业务档案管理信息化，对业务档案进行数字化转换，整合原始数字资源，另辟云端存储空间，联通现有数字化平台，实现本地资源分级化管理与应用，进而实现信息与资源汇聚、管理与服务融合的数字化服务模式。

文化馆要结合总分馆制建设、群众文艺培训辅导基地建设，完善协调联动、共建共享机制，整合系统内部资源，扩充各级文化馆站的数字资源，形成数字文化资源库。要按照地域文化特色和艺术门类系统梳理、统筹设计慕课、讲座等数字资源建设，根据人民群众的兴趣点和他们乐于接受的方式，精心策划数字文化资源内容，并兼顾互动参与性，推出有创意、品质高、成体系的数字文化资源。国家公共文化云集汇资讯、看直播、享活动、学才艺、订场馆、游华夏、赶大集、聚行业、汇文采等 9 大板块于一体，"学习强国"平台推出的一系列精彩数字文化资源，中央电视台制作的《匠人·匠心》《典籍里的中国》等节目都是文化馆可以对标的优质数字文化资源。

文化馆要凝练专题片、教学视频、嘉宾访谈、网络课程等优质数字资源的特色，制作内容精粹、单元短小、表现形式丰富、具有较强互动性的艺术普及慕课，将其打造成文化馆标志性数字文化资源，并优化传播方式。广东省惠州市文化馆艺术慕课、浙江省台州市文化馆艺术教学实现了全民艺术普及线上服务模式，通过钉钉、微信群等社群，创建社群课堂，使公众对各专业门类的艺术培训课程"触手可及"。

同时，对现有数字资源的改造也是文化馆优质资源建设的重要任务。大部分文化馆都拥有很多有着不同载体的舞台艺术表演、群众文化活动、艺术培训教学、文化艺术档案等数字文化资源。但是，面对社会公众的文化需求，这些资源往往存在篇幅大、耗时长、亮点不突出、吸引力不强等问题。文化馆要根据移动互联技术发展现状、公众欣赏特点等加工改造现有资源，比如，可以将整台舞台表演作品的最精华部分切分出来，将群众文化活动的精彩片段改编成短视频，将文化艺术档案片段作为艺术普及慕课的素材，实现对现有资源的创新利用。

（五）提升智慧化运营能力

文化馆线上线下融合发展必须跟上科技和新媒体发展的脚步，适应群众对公共文化服务的需求和期待，在管理、服务中拓展智慧化应用，提升文化馆的智慧化运营能力。

文化馆要建立智慧化思维，摆脱传统的、单纯的线下工作模式，主动拥抱新技术、新媒体，运用网络平台实现线上线下服务的互动。同时，文化馆要对管理体系进行智慧化升级，在进馆人员管理、设施设备管理、服务场地管理、数字资源管理等方面建立一体化、可视化的智慧管理系统，掌握文化服务的大数据，打造"智慧场馆"。

国家公共文化云"十四五"规划对文化馆线上线下服务智慧化运营具有重要的指导意义。该规划提出了"全民艺术普及资源总库建设""全民艺术普及文创产品体系建设""公共文化和旅游产品交易平台建设""全民艺术普及技术支撑体系建设""基层全民艺术普及服务提质增效"等六大任务，构建"用户池""资源池""数据池"等三个资源池，并积极引入"VR/AR（虚拟现实/增强现实）技术""5G+4K 高清直播技术""智能终端互动体验技术""图像识别技术""区块链确权技术""大数据技术"等六大技术。

"文化天府"公共文化服务云平台整合成都市文化馆公共服务资源，实现了文化日历、文化地图、活动报名、场馆预约、共享直播、公益慕课、数据分析等功能，实现了全市公共文化数字内容全域共享。"文化天府"还通过接口数据传输方式，向上对接国家文化云，实现了本地公共文化服务资源与国家云服务资源的互联互通、共建共享，向下对接各区县文化平台，实现了与各区县文化资源的互联互通。

二、打造特色品牌

"互联网+文化馆"服务模式的快速发展和数字文化资源的不断优化，打破了原有基本公共文化服务的边界，促使文化馆的职能定位转型，使得打造特色品牌成为提升文化馆吸引力、扩大文化馆服务覆盖面的重要措施。

（一）提升数字文化服务

开展线上线下融合的群众文化活动，需要文化馆有效提升数字文化服务策划、组织能力，运用现代信息传播理念和技术，优化提升在线文艺辅导、在线文艺展播、在线活动展演、在线作品赏析的形式与内容。

佛山市禅城区数字文化服务以线上线下相结合的模式，使各类文化资源"活"起来、"火"起来，突破了"围墙内的文化馆"现象，为当地公共文化服务高质量发展发挥了重要作用。佛山市禅城区文化馆采取"直播并实时互动""短视频录播分享+文化社群学习""直播和录播同步推送"的方式，延展"十百千万"公益文化培训计划，使公共文化服务"不断档"、公益文化普及"不打烊"。同时，佛山市禅城区文化馆整合各门类业余文艺作者、文化志愿者等资源，通过清晰的图像和文字介绍，以作者自述的形式分享创作经历，在微信公众号上展示优秀原创文艺作品，以提升业余文艺骨干、文艺社团的创作水平。

文化馆要努力打破以老年人、少儿等为主要服务对象的格局，吸引年轻人的关注与参与。要针对不同群体的文化需求，开展具有创新性、便捷性、实效性的精准线上文化服务，吸引更多年轻人，特别是新文艺群体参与公共文化服务。

漯河市文化馆推出"艺梦•幸福人生"云端微课堂，每天发布一节课，课程设置包括成人有氧健身操、成人国画、成人声乐与合唱、成人古典舞等，共推出了24节公益课程；"唯美视角•2022"漯河市第七届庆新春摄影展在漯河发布、漯河市文化馆公众号、漯河新时代文化实践员公众号等平台展出，线上浏览量达36000余人次；"艺享中国年•2022"漯河市优秀群众文艺作品展播、"燃情冬奥"线上知识竞答、"艺享中国年•2022"超星名师讲坛等丰富多彩的线上文化活动，也受到了广大群众的一致好评。

衡水市的"时代风采•美丽衡水"——第六届群众优秀书画展、"聚焦乡村振兴•助力脱贫攻坚"——2020京津冀群众书画作品交流展等大型文化活动都以线上线下同步进行的方式拓宽服务半径。"幸福起舞•共享小康"——2020年衡水市第四届广场舞大赛决赛及颁奖晚会，采用前期线上节目征集、分散排练场地、指派辅导老师参与节目创作等方式提升活动质量，在滏阳生态文化广场举办的同时，通过国家文化云、衡水市群艺馆微信公众号直播，有超过13000名观众在线观看，服务成效显著。

（二）挖掘特色文化

文化馆提供的文化内容要有特色。特色文化的最根本来源就是地方文化。要重视对特色文化资源的挖掘与整合，使公共文化资源成为一张文化名片。公共文化服务资源建设连接上优秀传统文化的血脉，从而使得公共文化活动拥有深厚的群众基础，更具亲民感，这样才能更好地在全社会广泛开展传播。

淄博市文化馆积极推动"场馆建设＋旅游"工作，以成为网红打卡地为目标，高标准建设了群星剧场、美术展厅、非遗展厅以及各类培训教室30余个，并面向社会免费开放。该馆非遗展厅设置了"生活中的淄博""陶瓷与琉璃""音乐与戏剧""花灯与芯子""饮食与医药""历史与传说""传承与创新"等7个主题空间，通过挖掘地域文化特色，构筑鲜活生活情境，全景展示淄博最具代表性的非遗项目，已成为淄博的网红打卡地。

厦门市文化馆的"闽南文化走透透"活动，就是基于当地丰富的闽南特色文化和传统非遗技艺而推出的典型项目。该活动始于2008年，每年均会系统性地开展闽南特色文化和非遗技艺进基层、对台对外文化交流等专题活动，通过互动展演、解说展示等方式让闽南文化的魅力真正在民众当中"走透透"。

"艺美同行"美育公益行系列活动是湖南省文化馆2022年全新打造的品牌项目，将现代艺术与传统文化相结合，以"请进来＋走出去"和"传承＋传播"的形式为群众带来与众不同的美育体验，使中华优秀传统文化得到更好的弘扬，不断提高人民群众对传统文化的鉴赏能力，努力打造湖湘"国潮"新品牌。"艺美同行"系列活动首期雅集以古琴、诗词、茶文化等中华优秀传统文化为鉴赏主题，内容包括传统艺术表演、文化知识分享、文化互动游戏等。在活动中，大家听琴、作诗、品茶、赏墨，一起体验了一场穿越时空的美妙旅行，感受了古人"采菊东篱下，悠然见南山"的娴雅生活。

（三）加强宣传推广

文化馆要根据不同群体的需求将文化数字资源编辑、剪辑成符合新媒体特点的短视频，通过抖音、快手、西瓜视频、喜马拉雅等新媒体平台进行推广运营，打造有影响力的新媒体矩阵，培养具有高度黏性的网络"粉丝"社群。同时，在各类社交网络平台组织、发布文化活动、文艺比赛、网络评选等线上或线上与线下相结合的群众文化活动，实现线上与线下文化活动的联动。

金寨县文化馆通过"线上＋线下"联动直播的方式，在公共文化云基层智能服务端"看直播"板块推出了"文化乐万家 新春走基层"2022年六安市文化馆联盟文化志愿者新春文艺演出、2022金寨县新春戏曲网络展演、"传承红基因 唱响大别山"大别山民歌红歌展演暨颁奖晚会等一大批特色文化资源。

成都市文化馆将本地大型群众文化活动"成都文化四季风"作为推动群众文化活动全域覆盖，调动民众参与积极性，激发基层文艺创作的重要利器，多年来坚持以自下而上的方式开展活动，选拔和培育了舞蹈、声乐、器乐等艺术类别的大量优秀群众文艺人才和队伍。经过多年的深耕，该品牌已经成长为成都市知名的大型群众文化活动品牌，品牌价值已经得到社会广泛认同，其传递的社会主义核心价值观是整个系列活动的底色和基调，不但能有效引导舆论方向，而且能助推公共文化服务的均等化、精准化等内涵深入人心。

由北京市文化馆主办的2022首都市民系列文化活动——"艺术让生活更美好"第四届全民艺术普及月活动自启动以来就受到了社会的广泛关注，在该届活动中，北京市文化馆携手8大专业艺术机构，共同完成了10余场全民艺术普及月云上公益讲堂。此外，为使艺术名家能够以生动、活泼、有趣的方式走进群众身边，让群众与艺术"零距离"，小年至正月十五元宵节期间，北京数字文化馆在各大新媒体平台每日更新公益讲堂精华短视频，包括八角鼓、京剧、昆曲、评剧、民族歌舞、河北梆子等内容。

上海市 17 家文化馆全部注册了抖音号，并在注册后半个月内共发布了 400 余个短视频作品。苏州市公共文化中心推出了苏州艺术慕课 PC 端平台，针对众多"90 后""00 后"的年轻人推出了吴门古琴、砚雕、苏绣等 70 节独具江南特色的慕课，单次课程时长仅 10 分钟。课程在推出后的 40 天内，总浏览量超过 1100 万，在线学习人数超过 100 万。

（四）创作文化馆服务精品

文化馆可以对当下的热门内容进行改编和二次创作，打造既有热度又有温度的优秀文艺作品。以大家喜闻乐见的表现形式，不断创新策划出更多受观众喜欢、易于传播的内容，可以通过强强联合、跨界合作的方式，借助新媒体平台的传播优势，打造文化馆品牌，提升知名度。

2022 年初，上海市静安区文化馆启动"市民艺术空间项目"，面向社会公开征集艺术作品，凡艺术作品可形成系列展示的全年龄段市民均可投稿。作品形式涉及油画、水彩、摄影、刺绣、插画、装置艺术等多种艺术门类。在项目启动的第一个月，静安区文化馆微信公众号即推出了首篇线上展览推文——"叮咚，精神粮食大放送"。多位艺术家以妙趣横生的水墨"蔬画"作品与市民分享，将每天"一道买菜""一道烧饭"的居家生活和乐观向上的艺术精神，转化为生动的艺术创作。本次展览引发了不少艺术家对自我、对身份、对艺术的多视角思考，让"市民艺术"成为一张上海的城市名片。

当下，直播带货、线上文娱活动火爆兴起。文化馆要跟上时代潮流，通过数字平台、智慧平台，策划组织具有较强创意性、互动性和吸引力的线上线下融合的文化活动。

2020年,敦煌研究院与腾讯合作推出"云游敦煌"活动,公众通过"云游敦煌"小程序参加活动,不仅可以在线欣赏敦煌石窟的壁画、彩塑和石窟,了解敦煌石窟的历史和文化,还可以在线生成一个专属的壁画故事和智慧妙语,受到公众的欢迎。

上海普陀区文化馆相继推出云享课堂、云端悦赏、云端悦猜、云上村晚、线上民俗活动、线上文艺展演等服务项目,向公众提供数字文化资源。云享课堂录制了杯子舞音乐游戏《布谷鸟》、古典舞蹈《多情种》、盘扣《如意挂件》、少儿手势舞《最亮的星星》、戏曲舞蹈《舞动新春》、手工布艺《制作老虎》等丰富多彩的艺术培训课程;在网络平台播出年俗非遗项目保护传承活动,发动社会公众参与互动;制作、展播普陀区非遗项目的保护情况,唤起了人们的地域文化记忆。

(五)拓展文化馆服务空间

文化和旅游部、国家发展改革委、财政部联合印发的《关于推动公共文化服务高质量发展的意见》中提出,要创新拓展城乡公共文化空间。服务空间拓展是文化馆线上线下融合发展的重要组成部分。

文化馆服务空间拓展主要是数字文化服务空间、城乡公共文化空间和高质量的文化馆空间。数字文化服务空间拓展是指文化馆利用各种网络平台,开展线上服务,延长公众在文化馆服务上的驻留时间,拓展服务空间的拓展。城乡公共文化空间拓展是指文化馆在主体馆舍之外,营造更多能够提供文化服务的空间,如山东东营数字文化广场、温州文化驿站艺术空间等都已取得较好的成效。高质量的文化馆空间是指文化馆自身也要开拓能够吸引公众走进来并坐下来体验、欣赏、享受的公共文化服务新空间。成都市文化馆精心打造公共文化服务超市,通过该平台可以汇集更多社会优质文化资源,推动政府采购与社会资源的有效衔接,助力全省文化资源的流通与共享。第二届公共文化服务超市在规模上、参展企业的品质上、文化资源的整合上都较第一届取得了较大突破，成功吸引了来自全国10个省（区、市）的300多家单位（企业）入驻。

文化馆可以在历史街区、社区巷弄、景区景点开展富有故事性、场景性、生活感的文化活动，将艺术普及活动融入社会公众的生活场景，营造全新的体验式互动文化空间，从而拓展公共文化服务空间。很多文化馆举办的历史街区大型汉服秀、景区老戏台非遗展演、商场街巷"快闪"艺术等活动吸引了大量社会公众参与。

文化馆要利用本馆馆舍或公共文化设施，充分运用VR、AR等技术，设置关于音乐、舞蹈、美术、书法、摄影等的交互式、沉浸式文化体验专区，增强公共文化服务的趣味性。东莞市文化馆"悠云空间"体验式数字文化馆，借助数字化多媒体技术，融合东莞的历史文化、人文氛围，打造了"水云间"文化生态区、"云中漫步"魔幻轴、"悠云宇宙——逆转未来"主脑宇宙区等三大空间，吸引了许多未成年人在这里参加微剧表演、童话故事会等各类艺术活动。

衡水市群众艺术馆数字文化馆于2019年建成，面积约120平方米，配置了数字平台智能和互动体验区数据服务器、大数据数字投影和互动体验区数字投影显示设备，搭建了对接查询、平台控制、语音互动、定位识别等数字平台系统，构建了品牌活动、艺术培训、文艺欣赏、非遗传承、共享直播等十大功能模块，年点阅量达20余万人次。

三、加强人才队伍建设

人才队伍建设是文化馆提升服务质量的重要举措。优秀的专业型人才对文化馆的建设与发展有着非常重要的作用，只有高素质的、对文化事业有着高度认同的一线工作人员才能理解文化推广与服务的价值，才能承担起文化传播的重任。

（一）提升文化馆现有人力资源水平

为营造文化馆与文化馆人员共同成长、发展的良好环境，要不断优化人才管理机制，对积极向上、作出贡献的工作人员给予提升、展示的机会，激励、带动全体人员的积极性、主动性、创造性。

《中华人民共和国公共文化服务保障法》中提出了推动公共文化服务专业化发展的要求，高质量发展对文化馆的专业化水平也提出了更高的要求。服务专业化的根本是从业人员的专业化，文化馆要创新人才培养机制，按照场馆运营人员、技术服务人员、管理人员、研发人员等分类加强人才队伍建设和管理，培养爱岗敬业、具有专业技能的人才队伍。

为激发文化事业发展新活力，文化馆要从人事管理、分配管理、职称管理等三个方面着手，不断优化内部管理，形成既有竞争激励又有职责约束的管理机制。在人事管理方面，推行以岗定人、竞聘上岗、双项选择、能上能下，将绩效评价细化到个人，合理分配工作任务。在分配管理方面，推行按劳分配、按能分配，根据岗位职责和工作完成情况，合理发放绩效工资。在职称管理方面，推行量化排名、聘期考核，强化考核结果在职称评聘中的运用，努力提高员工的积极性、主动性。

（二）加强与相关单位的合作

文化馆要与社会各类团体、市场机构、学校等进行多元合作，优势互补，资源共享，这样可以调动社会资源，补充文化馆专业人才，进而发挥文化馆对社会文化活动的引领作用。

文化馆可以尝试打破文化馆与图书馆、美术馆，甚至是青少年宫、老年大学、工人文化宫、影院、书店等单位之间的壁垒，实现的融合发展。上述机构的服务内容均以文艺培训、知识分享、艺术欣赏等为主，具有很强的相似性和相通性，不妨打破原来的竞争关系，在保持自身特色的基础上合力推动全民阅读、文物教育欣赏、全民艺术普及、优秀传统文化传承等工作的发展，搭建起"手牵手"共同发展的合作关系。可以在双方场馆内引入关于彼此的文化项目、服务、产品的宣传推介内容；还可以联合策划推出一些内容覆盖面更广、品质更高的大型文化活动或培训课程，在场地设施上共用共享。这既促进了公共文化服务的高度融合发展，又更大程度地满足了群众的多元需求。

烟台市文化馆与全市100多家艺术文化培训机构签订了合作协议，由培训机构提供场地和师资，向市民提供免费的艺术普及培训课程，并配套举办培训成果汇报演出。这既弥补了文化馆师资和场地不足的问题，拓宽了公共艺术普及的群众覆盖面，又促进了社会艺术文化机构的持续发展，实现了共赢共利。

（三）建立志愿服务团队

积极鼓励志愿者参与文化馆服务，在更广范围、更大程度上引导全民参与公共文化建设，真正实现公共文化成果的全民共建共享。文化馆可以为志愿者提供正规专业的志愿服务平台，通过颁发证书、"最美志愿者"评比、各类文化活动志愿者优先等方式，切实让文化志愿者从中受益。

福建省厦门市青年民族乐团是厦门市文化馆组建的文化志愿服务团队。该乐团创建于2001年，是由厦门各艺术院校的教师、学生及社会各界的民乐爱好者组成的志愿服务团队，是一个没有编制、不领工资的民间艺术表演团体。多年来，厦门市青年民族乐团一直活跃在社区、学校、乡村和军营的舞台，为广大基层百姓展示美妙的民族音乐，打造了"民族音乐进校园""民族音乐精粹巡演"等公益活动。

山东省荣成市文化馆志愿服务项目发挥文化志愿人才的专业优势，常态化开展社会力量乐于参与、便于参与、广泛参与的文化活动，通过在重大节庆日、重大赛事期间，组织文化志愿队伍开展"千人舞林大会""千人彩绸舞腰鼓大赛""全市渔家秧歌大赛"等活动，组织起了一支集各行各业力量于一体的专业文化志愿服务队伍，展现了荣成人民良好的精神风貌、独具特色的胶东文化特色。

广东省广州市首批文旅专业志愿服务队围绕"红色文化""岭南文化""海丝文化"和"创新文化"四大文化品牌发起组建，具有浓浓的广州特色，覆盖了文旅志愿服务多个专业领域，既有公共文化服务领域的基础板块，如艺术普及、阅读推广、文化遗产保护、传统工艺振兴等，同时融入了街舞文化、文旅宣讲、新媒体推广、游戏、动漫等新兴领域的专业服务，反映了广州市文旅融合合发展、文化事业和文化产业齐头并进的发展新态势。

自2018年起，成都市文化馆创建"公共文化服务体验师"项目，旨在拓展文化志愿服务、优化文化志愿者队伍、提升服务品质。体验师们通过深度参与成都市一系列重要的群众文化活动，利用他们的行业知识，从文化消费者视角出发，为成都市公共文化服务建设提出了大量宝贵的建议。此举有效地架起了群众与政府相关部门的沟通桥梁，达到了督促文化馆服务手段和内容及时优化，促进公共文化服务优化品质、提升效能的目标。

（四）培育网红文化博主

部分文化馆人员结构老化，部分年轻人耐不住文化工作的寂寞，呈现出文化馆服务专业人才青黄不接的情况。为加强文化馆的文化服务、文化传播能力，文化馆要积极创办馆办文艺团队，吸引文艺人才参与，并培育业余文艺爱好者，提高他们对文化的兴趣和专业素养。有很多文艺爱好者在参与文化馆多元化、普惠化公益文化服务的过程中，在提供服务的同时，会通过自媒体发布自己的行为，这也扩大了文化馆服务的知名度和影响力。

文化馆要重视网红文化博主的作用，发掘、扶持、培育文化网红，开展网红课程培训，围绕传统节庆、地方文化、非遗传承等热门题材和热门打卡地等主题，开展网络直播、短视频比赛等活动。还要组织专业团队、联合主流媒体，指导、提升具有发展潜力的文化文艺网红，帮助提高策划制作水平。

"文化带货"达人不仅是公共文化服务的参与者和受益者，还能更加直接地反馈群众的文化需求，在全民艺术普及中发挥着越来越重要的作用。深圳"文化带货"达人孟雅姑娘向朋友推介文化馆时说："不来不知道，一来吓一跳。"她通过文化馆的一次舞蹈培训爱上了街舞，经过两年多的学习，由学员变成了老师，影响了30多人报名参加文化馆的艺术培训。中青年群体的加入，也为文化馆新增了服务群体，使文化馆以更加有活力的姿态呈现在社会公众面前。

在自媒体、融媒体时代，每一位接受文化馆服务的公众都是潜在的网红，文化馆要充分发挥他们的传播作用。上海市群众艺术馆在开设了赏戏团、市民艺术大课堂、午间一小时等艺术导赏体验项目的同时，针对不同年龄段受众人群的特点设计艺术培训类项目，开设了面向青少年的周末美育课堂、面向18岁至55岁在职人群的市民艺术夜校、面向老年群体的老年文化艺术大学。接受这些文化服务的公众大量转发、传播该馆的各类消息，使该馆成为网红文化馆。

（五）挖掘文化能人

文化能人的社会影响力及传播力不可小觑，在基层文化活动中是内容供给的关键因素，具有不可替代的作用。要深度挖掘当地的文化能人并将其组织起来带动各类文化团队的发展，从而带动区域内其他群众的参与热情，促进基层文化活动的普及和深入。文化馆可以通过展演展示活动发现文化能人，如"戏聚北京"群众戏剧戏曲票友大赛颁奖展演、"羊城之夏"广州市民文化季、"乐韵飞扬"广州市群众原创音乐作品展演、黑龙江"美丽家园幸福生活"社区文化艺术节惠民汇报演出等各类活动中均曾出现过大批的文化能人。

徐杰工作室是天津市滨海新区首个挂牌的文化志愿者工作室,该工作室主要承担着向社会推广书画文化和太极拳的公益职能。对文化志愿者工作室这个创新载体的建设,将有利于实现滨海新区基层文化设施和社会人才两大优势的有效连接,以文化能人的文化专长为基础,广泛培育一批高质量的公共文化服务品牌,满足市民多样化、多层次的精神文化需求,丰富市民的精神文化生活,推进美丽"滨城"文化繁荣发展。

沧州市为发掘乡土文化能人打造了一个舞台,推出了乡土文化能人文艺展演活动,来自泊头、孟村、献县、盐山、肃宁、任丘等16个县区的特色节目精彩亮相。为了让这些乡土文化能人发挥更大的价值,沧州市还按照基层公共文化设施基本公共文化服务标准、内容,采取将基层单位申报需求与政府根据评价委派相结合的办法,为基层(县级及县级以下)图书馆、文化馆(站、室)、博物馆等配给相应的乡土文化人才。乡土文化人才主要以组织管理、辅导培训、宣传推广、助演主演等方式参与工作,也能以临时聘用人员、项目组成员、文化志愿者服务等多种身份参与工作。

四、提供多元化服务

文化馆提供的文化服务应注重多元化发展,应切合人民群众对文化艺术的需求,根据当前社会的发展现状探索适合新时期文化需求的服务模式。

(一)细分目标人群

文化馆要在实现供需有效对接的基础上,提高服务供给的精准化、个性化。充分利用线上与线下相结合的模式,推出"菜单式""点餐式"服务,并发布服务信息,收集公众的需求,建立文化需求、文化供给的大数据，为精准化服务奠定基础。通过分析挖掘应用数据、用户画像、个性化推荐等方式，充分发掘社会公众的文化需求，实现服务资源、服务项目的精准化投放。文化馆要按照不同年龄、职业、文化层次、区域的社会公众，精准区分不同的服务对象，还要关注老年人、残疾人等弱势群体的需求，为各类社会公众提供高效便捷、品质上乘的文化服务，以多元化的服务方式满足不同人群的文化需求。

广东省文化馆"广东公共数字文化进万家"活动，坚持政府主导、社会参与，不但提供丰富多样的文化产品和服务，还不断创新服务方式，陆续面向社会招募具有艺术专长的社会团体、专业老师等，与其共同打造线上与线下相结合的课程与活动，努力满足社会公众对美好生活的新需求和新期待。同时，广东省文化馆细分受众群体，提升课程的传播力、渗透力。其舞蹈、语言艺术类慕课借助钉钉平台的网络直播、布置作业、课件分享、留言互动等辅助教学功能开展直播教学；其美术、音乐、摄影等艺术类慕课采用"录播+社群运营"的方式开展服务，通过多机位组合录制全方面展示授课老师的艺术技巧，并利用微信社群进行教学管理，增强学员与授课老师的黏度；电影类导赏课借助 bilibili 平台年轻用户多的特点开展网络直播，受到了年轻群体的青睐。此外，广东省文化馆还采取了"边服务、边调整"的推广策略，通过建立"每周一学、每周一答"的互动服务模式，并设定在线答疑时限，征询学员的改进意见，不断优化课程教学体系和服务方式，增强了文化馆的文化资源的适用性和服务精准性。

（二）精准实施服务项目

文化馆可以依托云平台，通过大数据把握市民和游客的多样化文化需求，根据不同群体的特点，取长补短地策划、开展一些人民群众喜闻乐见的文化活动，并进行线上智慧推送，从而进一步提升公共文化服务效能。同时，结合当地基层文化设施、场地的特点，紧紧抓住人民群众对文化发展的需求,加强对相关基础设施的建设,因地制宜、顺应趋势地开展文化活动,进一步提升自身的服务效能。

浙江省绍兴市文化馆推出的"文艺专家门诊"项目就是提供精准文化服务的典型实践。它创造性地将医院的问诊服务模式引入文化馆,让市民根据各自的不同需求进行网上预约"问诊",然后组织书法、摄影、曲艺、舞蹈等多个艺术门类的专家有针对性地"接诊"指导,实现了一对一精准化服务。

四川省自贡市文化馆积极发挥数字化建设优势,利用"互联网+"组织开展了形式多样的网上文化活动。通过自贡市文化馆微信公众平台、官方网站,开设了涵盖水彩画、茶艺、插花、泥塑等内容的文化慕课10余期,内容丰富多彩,让市民能够更加高效便捷地开展学习。

新疆维吾尔自治区青河县文化馆开展的第一批"菜单式、订单式"服务有广场舞、健身操、新疆舞、声乐、朗诵等5个项目。通过推出"菜单式、订单式"公共文化服务,让群众从被动式接受文化服务,改为主动式需要文化服务,自主选择感兴趣的服务类别,不仅满足了广大人民群众不断增长的文化需求,而且也真正做到了文化艺术为人民大众服务,受到了广大人民群众的一致好评和积极响应。

(三)提升公众的体验感

文化馆可以利用本馆主阵地或社会文化设施,探索建立更多的数字文化互动体验空间,充分运用人机交互、虚拟现实、3D打印等现代技术,设立舞蹈、音乐、书法、绘画、摄影、培训等交互式文化体验专区,加强数字艺术、沉浸式体验等新型文化业态在文化馆的应用,不断增强公共文化服务的互动性和趣味性。

深圳市龙岗区文化馆联合索卡文化策划的以"生活的N种创玩"为主题的生态环保视听体验展,通过线上直播的方式,让观展人与展览活动融为一体。展区内容以 ASMR 视听治愈的方式为主打，以海洋环保故事为背景，通过源于生活、源于自然的轻松频率来传达，展示生活的 N 种创玩。在听觉、视觉、嗅觉、触觉的不同区域的展柜里面，精心布置着还原生活的小装置。

广州市文化馆推出"探红色史迹，育有为少年"——广州市文化馆2021年"小候鸟"红色研学·艺术体验夏令营，来自山东、安徽、河南、福建、浙江等地的"小候鸟"们齐聚"云端"，孩子们通过视频参观广州起义纪念馆、中山纪念堂、广州博物馆等红色史迹。在浓厚的红色氛围之中，活动还穿插了移动式的红色课堂，老师带领着"小候鸟"们阅读许多图文资料，了解其中蕴含着的丰富的精神密码。

（四）提高公众的参与度

在新技术快速发展的新时期，为使公众方便、快捷地享受公共文化服务，众多文化馆相继开展线上线下融合服务。部分服务存在着公众参与度较低、服务绩效较低、用户黏性较低的情况。因此，文化馆要通过开展各类文化活动，提高文化馆服务的公众关注度和参与度。

江苏省盐城市大丰区文化馆依靠馆办音乐乐团、非物质文化展示团、青少年文化志愿者服务团等各类团体活动，实现走基层、下社区常态化，有效扩大了文化馆服务受众的覆盖面，提升了公众对文化馆服务的参与度。

山东省东营市河口区文化馆为不断丰富公益培训的内容，进一步推动全民共享文化建设成果，提升广大人民群众的文化艺术素养，有针对性地开展了"油地文化大讲堂""艺享暑期""千团万人下乡进社区"系列培训体验活动，开设声乐、广场舞、形体、美术、书法、口才等课程，实行"菜单式"的个性化文化服务，根据广泛征集的人民群众的意愿设置培训内容，将人才、公共文化资源等进行有效整合，通过聘请优秀讲师，提升培训质量和水平，积极打造河口区文化活动品牌，提升社会公众的参与度。

文化馆要重视面向青年群体的文化服务，吸引青年群体参与文化馆的各类服务项目和文化活动，激发青年群体的文化活力，使他们在享受公共文化服务的同时，发挥自身特长，积极参与文化馆的服务活动。同时，文化馆还要围绕文旅融合，将文化活动送进旅游景区，推动文化馆服务创新发展，从而扩大文化服务的范围，提高公众参与度。

重庆市涪陵区文化馆持续推进文化和旅游服务机构功能融合发展，在美心红酒小镇景区建立了美心红酒小镇分馆，为文旅融合加速发展引入新形式。该馆积极构建文化和旅游融合发展，组织开展文化活动进景区，尤其是为拓宽与提升公共文化服务效能，积极尝试与旅游景区合作。该馆与美心红酒小镇景区联合策划举办的国潮文艺演出"我们的节日"系列活动、送戏曲进乡村、非遗购物节等文化活动，使市民和游客欣赏到了接地气的文化服务。

文艺演出进景区常态化，不但可以有效提高文化馆服务的公众参与度，也可以使游客尽享文化旅游融合的"大餐"。甘肃省张掖市甘州区文化馆将文化惠民进景区活动与提高旅游品质相结合，常态化开展文艺演出进景区活动，在景区向游客和市民展示歌舞、快板、戏曲等文化艺术，形成了"周周有活动、月月有演出、季季有高潮"的文化活动格局，丰富了景区业态，提升了景区的文化内涵，增强了景区的吸引力。

（五）优化社区、村的公共文化服务

文化馆应关切社区、村的公共文化服务需求，将文化馆工作者的角色转变为"中介"的角色，依靠社区、村的公共文化空间、文艺团队和文化展演展示活动等，增强公众的参与感和体验感，并通过唤起社区集体回忆、激发社区、村的居民的集体感的文化活动培育文化社群。

北京市朝阳区文化馆在多年的实践中，形成了以内容供给实现社区文化治理的公共文化服务体系，供给主体为社区居民，供给形式主要分为社区空间展示、社区节庆活动、社区文化艺术活动、社区自治组织四类。朝阳区文化馆"社区一家亲"系列文化活动年均举办 700 余场次，年参与量达 200 万人次，陆续推出子活动 80 余项，带动发展基层群众文艺队伍 1420 支、文艺协会 246 家。特别是该系列活动中的基层文化服务快递活动，针对各街、乡的文艺骨干，以专业技能培训的方式为主，通过公共文化服务的三级网络开展文化服务配送，由朝阳区文化馆汇总资源进行调配，采取派送授课专家到社区和固定场地集中培训的服务形式，为文艺骨干解决实质问题。

文化馆培育乡村文化能人，可以优化基层公共文化服务。山东省威海市文登区文化馆积极培育文化能人，让他们深入乡间点燃群众参与文艺活动的火种，让民间文艺活动遍地开花。文登区全区已形成文化部门促进城乡文化活动融合、民间剧团覆盖各片区、文艺小队覆盖各村居的多层次文化活动阵地。

流动服务是文化馆开展的一种专门面向基层的延伸服务，是以面对面上门服务的方式满足基层群众的文化需求，比如将公益文艺培训、辅导、讲座、活动、演出等直接送到有需求的群众身边，简单地说就是上门服务工作。此外，还有文化馆的总分馆制。文化馆的总分馆制指以县级文化馆为中心和主管机构推进的文化馆集群，县级文化馆作为总馆处于核心地位，其他乡镇各设一个分馆，形成以县级文化馆为主干的覆盖城乡、布局合理、结构完整、功能健全、实用高效的文化馆服务体系。通过文化馆的总分馆制这一体系，搭建了一个总分馆统一平台，实现了总馆与分馆的网点布局、设备资源、经费保障、人员队伍、文化服务、考核管理、形象标识、岗位培训等的有机整合和利用。文化馆的总分馆制这一模式，让文化馆的服务领域和功能都达到了空前最大化，基本实现了城乡公共文化服务的全覆盖。

更加均衡的公共文化服务，将使文化发展红利更加容易被公众感知，也将使公共文化建设更加温暖。在加强线上线下阵地建设的同时，文化馆的公共文化云平台要与乡镇（街道）综合文化站、村（社区）综合文化服务中心进行对接和整合，使社会公众可以通过云平台的任一终端畅享公共文化服务。

贵阳市白云区以全面构建公共文化服务体系为主线，以文化民生为根本，在原有综合文化站、综合文化服务中心的布局的基础上，设置了区文化馆分馆 12 个、区图书馆分馆 16 个，并打造了白云区文化服务资源数据库，总馆与分馆之间建立起总"菜单式"供给和"点菜式"的共享模式，让文化惠民接地气、聚人气。

总之，文化馆要与时俱进、适应新技术的快速发展和社会公众的文化需求，对文化活动的形式、内容进行不断创新，加快推进文化馆服务"线上""线下"融合发展，优化内部、外部管理，不断提高服务效能和服务绩效，更好地助力公共文化服务体系建设创新发展。

参考文献

[1] 涂世文，金武刚. "互联网＋图书馆"服务创新发展：《公共图书馆法》"线上线下相结合"要求研究 [J]. 图书馆，2018（7）：10-14，83.

[2] 徐佳晶. "十四五"时期构建文化馆发展新格局的思考 [J]. 中国文化馆，2021（1）：46-53.

[3] 杨宗生. 多元化发展文化馆传播能力 [J]. 三角洲，2022（17）：126-128.

[4] 金栋昌，白拴锁. 高质量发展导向下的文化馆服务联盟研究 [J]. 中国文化馆，2021（1）：100-106.

[5] 舒彦. 关于现代新型文化馆功能定位和服务创新的思考 [J]. 中国文化馆，2021（1）：139-142.

[6] 薛路，俞亚军. 公共图书馆读者活动"点单式"线上预约机制：嘉兴市图书馆"文化有约"案倒分析 [J]. 图书馆研究与工作，2019（10）：61-64.

[7] 刘丹.后疫情时代数字文化馆建设[J].中国航班,2021(17):99-100.

[8] 李国新.疫情对公共文化服务发展影响的思考[J].图书与情报,2020(2):43-49,119.

[9] 叶莉.关于组织策划"线上"群众文化活动的思考[J].大众文艺,2021(23):3-5.

[10] 罗云川.从数字化走向网络化与智能化,寓普及性于交互性与独特性:"十四五"文化馆数字化建设与服务的若干思考[J].中国文化馆,2021(1):12-19.

[11] 杜相立,王新良,田葵.后疫情时代公共文化数字化服务研究:以衡水市公共文化场馆为例[J].大众文艺,2021(5):3-4.

[12] 袁思奇.岳阳市群众艺术馆数字化建设问题研究[D].长沙:湖南大学,2018.

[13] 姜曦,陈墨.现代文化馆转型与创新的思考[J].中国民族博览,2020(2):66-67.

[14] 赵子欣.疫情常态化下关于文化馆发展的几点思考[J].大众文艺,2022(13):9-11.

[15] 张霞.文旅融合背景下文化馆的创新发展路径研究:以江苏省盐城市大丰区为例[J].百花,2022(3):79-82.

[16] 徐颖.我国文化馆内容供给创新研究:以"朝阳区文化馆"为例[D].北京:北京舞蹈学院,2018.

[17] 秦绪芳.线上线下结合是开展群众文化工作的高效途径[J].人文天下,2020(12):65-67.

第三章　文化馆、图书馆开展多元化特殊群体服务路径研究

随着经济社会的飞速发展，我国文化事业进一步繁荣发展，人民群众得到了越来越丰富、越来越完善的文化服务，大大满足了人民群众的精神文化需求。但在此过程中，未成年人、老年人、残障人士等特殊群体非常容易被忽视。基于公共文化服务的标准化、均等化，文化馆、图书馆作为精神文明建设的排头兵，应该勇于担当，改革在先，创新思路，采取积极措施全方位、多层面地为特殊群体提供更加优质的文化服务，使特殊群体也同样能够享受到公共文化服务，共浴新时代文化的阳光。

第一节　文化馆、图书馆开展多元化特殊群体服务概述

文化馆、图书馆作为公益性文化事业单位，加强对特殊群体的关注，保障他们享受公共文化服务的权益，对完善公共服务体系、满足人民群众的文化需求，维护社会的繁荣和稳定，推动群众文化建设，丰富特殊群体的精神生活具有积极意义。

一、文化馆、图书馆开展多元化特殊群体服务的意义

(一) 特殊群体的内涵

特殊群体根据形成因素可分为两类：一类是由生理因素导致的劳动能力缺失，称为生理性特殊群体，包括残障人员、病人、老年人等，这类人群的特点是自理能力较差，感官能力减退，生活和工作中存在自身障碍，具有依赖性；另一类是因生活环境、经济条件、文化基础等因素导致的在经济或社会生活中处于相对劣势的人群，称为社会性特殊群体，这部分人群在社会生活中长期或阶段性处于弱势环境，一般指流动务工人员、失业贫困人员、服刑人员，以及文化设施和配套服务水平低下的边远或贫困地区的人群。

根据《中华人民共和国公共文化服务保障法》中的规定，目前我国特殊人群的主要组成为未成年人、老年人、残疾人和流动人口，他们因自身的原因，在社会主流文化圈面前表现得难以融入。

目前，社会上开展的在针对特殊群体的文化服务主要表现为以下几个方面：首先是针对老年人开展的文化活动，如促进老年艺术团的组建，从而为老年人的艺术生活创造空间和条件；其次是针对未成年人进行公共文化服务方面的创新，如开展亲子活动等；再次是为残障人士提供更多、更优良的业余生活项目和条件；最后是针对农民工等的文化空白进行弥补，丰富其文化生活。

(二) 开展特殊群体文化服务的意义

保障特殊群体的权利。文化馆、图书馆针对特殊群体的文化需求提供的文化服务既是对其关照特殊群体的责任内涵的体现，也是展现社会包容的重要途径。多元化的文化服务使不同群体都能够参与到社会文化生活中，获得必要的支持和帮助。

维护社会和谐稳定。文化馆、图书馆通过开展丰富多彩的文化活动，极大地丰富了特殊群体的文化生活，满足了他们精神层面的需求，提高了他们的生活质量，增强了特殊群体的幸福感和满意度，从而维护了社会的和谐稳定。

促进特殊群体自身发展。文化馆、图书馆提供的文化服务，能够弥补特殊群体在知识获取上的不足，有助于培养他们的自信心和自主能力，同时，举办的各类文化活动能够为他们提供展示自我、交流互动的平台，帮助特殊群体更好地融入社会。

二、对特殊群体提供文化服务方面的政策支持

2012年5月1日施行的《公共图书馆服务规范》中提出：公共图书馆服务应当努力满足残疾人、老年人、进城务工者、农村和偏远地区公众等的特殊需求。

2015年1月，中共中央办公厅、国务院办公厅印发的《关于加快构建现代公共文化服务体系的意见》中提出："保障特殊群体基本文化权益。将老年人、未成年人、残疾人、农民工、农村留守妇女儿童、生活困难群众作为公共文化服务的重点对象。"

2017年3月1日施行的《中华人民共和国公共文化服务保障法》中提出："各级人民政府应当根据未成年人、老年人、残疾人和流动人口等群体的特点和需求，提供相应的公共文化服务。"

2018年1月1日施行的《中华人民共和国公共图书馆法》中提出："政府设立的公共图书馆应当考虑老年人、残疾人等群体的特点，积极创造条件，提供适合其需要的文献信息、无障碍设施设备和服务等。"

2021年4月，文化和旅游部、国家发展改革委、财政部联合印发的《关于推动公共文化服务高质量发展的意见》中指出：要以"四个坚

持""四个推动"为主要原则、以深化公共文化服务供给侧结构性改革为主线,建设高效能、多元化、充满活力的公共文化服务供给体系。

2022年8月,中共中央办公厅、国务院办公厅印发的《"十四五"文化发展规划》中指出:"丰富老年人、进城务工人员、农村留守妇女儿童、残疾人的公共文化供给,保障特殊群体的基本文化权益。"

第二节 文化馆、图书馆开展多元化特殊群体服务的实践

随着公共文化高质量发展理念的普及,特殊群体服务权益受到社会的普遍关注,文化馆、图书馆应基于平等、包容的基本理念开展特殊群体服务。在开展特殊群体服务的工作中,文化馆、图书馆要依托文化场馆的阵地优势,开展形式多样的群众文化活动,不断丰富特殊群体的精神文化生活,现已取得了一定的成绩,但同时也存在着一些短板与弱项。

一、文化馆、图书馆开展多元化特殊群体服务的必要性

(一)体现人文关怀

开展公共服务文化活动,其核心机制的目标主要是能够更快实现社会环境向温馨的方向转变。特殊群体大多都需要心理上的慰藉和共鸣,通过文化活动可以展示社会的人文关怀,让特殊群体和更多志同道合的朋友交流和娱乐,帮助他们提升归属感、幸福感,享受文化的快乐。

（二）引导树立正确的价值观

通过组织开展丰富多彩、寓教于乐的文化活动，提升特殊群体的文化艺术修养，引导他们形成积极向上的生活态度，实现对社会主义核心价值观的传播，引导他们树立正确的价值观，增强特殊群体的民族认同感和自信心，增强社会凝聚力和向心力。

（三）促进社会和谐

对特殊群体的文化权益保护，是文化馆、图书馆公正、平等地服务社会的必然要求。丰富多彩的文化活动可以吸引大量群众的参与，通过健康、向上的文化生活，对社会发挥积极向上的引导作用，有效促进社会的和谐稳定。

二、文化馆、图书馆开展多元化特殊群体服务存在的短板

（一）经费投入不足

在国家加强公共文化服务体系建设的大背景下，各级政府加大文化经费投入，积极保障特殊群体的基本文化权益，努力推进基本公共文化服务的标准化、均等化。然而，在统筹推进公共文化服务均衡发展的同时，特殊群体文化工作欠缺稳定可持续的经费保障机制。特别是随着经济社会的快速发展，文化活动费（包括节目编排、音乐制作、舞台搭建、服装道具、文化宣传、交通、餐饮等费用）、设备设施购置及维护费等文化事业运行经费大幅上升，文化经费不足的问题较为突出，亟须解决经费缺口问题。

（二）服务形式和内容单一

文化馆、图书馆因地制宜地开展了多样化的文化活动，为人民群众提

供了公共文化服务。但在服务形式方面，没有结合实际创新活动内容。活动形式缺乏有效的载体，不仅在一定程度上削弱了文化传播的效果，还降低了特殊群体的参与积极性。与此同时，由于服务形式单一，文化馆、图书馆只是依靠自身现有的力量举办活动，受到经费、场地、人力等不足的影响，其服务水平还存在很大提升空间。

文化馆、图书馆的文化产品基本呈单一供给模式，特殊群体的互动参与显然不够。文化馆、图书馆提供的文化服务多数选在儿童节、中秋节、重阳节等节日期间开展，节目主要以歌曲、舞蹈等为主，内容较为单一、缺乏新意，难以吸引社会力量和特殊群体参与，因而针对特殊群体的文化供给不仅总量不足，而且效率不高。

（三）重视程度不够

文化馆、图书馆是文化传播的重要载体，承担着提供文化服务的重要职能，应面向特殊群体提供无差别的文化服务，但目前由于多方面因素的影响，文化馆、图书馆容易忽视对特殊群体的文化建设。同时，由于资金和人力资源不足、文化服务的内容和形式没有什么创新等，导致文化服务对特殊群体的作用愈来愈小。

第三节　文化馆、图书馆开展多元化特殊群体服务的路径

文化馆、图书馆要积极落实公共文化服务均等化，重视特殊群体的文化权益，吸引更多的特殊群体参与到文化活动中，为特殊群体提供多元化的文化服务，使针对特殊群体的公共文化服务更加接地气。

一、强化制度保障

特殊群体的文化服务既是公共文化服务的重点,也是公共文化服务的难点,要不断适应新时期的群众需求,不断完善公共文化服务体系建设。

(一)加强制度建设

文化馆、图书馆要将特殊群体服务工作纳入全民艺术普及、免费开放服务和文化志愿服务等的范围中,统一进行研究、部署、实施,建立工作新机制。要详细制定未来一年、三年、五年的工作计划,针对不同的特殊群体细化服务内容,统筹管理,跟踪随访并进行阶段性地总结,以便于及时调整服务对象与内容,确保文化服务的有效性。要加快文化馆、图书馆的规范化建设进程,健全规章制度,明确各项职责,提高各种公共文化设施的利用率,将对特殊群体的文化服务工作落到实处,从而满足特殊群体对精神文化生活的需求。

(二)加大财政支持力度

加大财政投入力度是提高文化馆、图书馆公共文化服务质量与效率的基础,也是提升文化馆、图书馆公共文化服务效能的根本路径。尽管两馆的活动资金都有限,但还是要根据特殊群体的需求,适当安排一定的资金,确保各项特殊群体文化服务工作的开展。同时,也要促进文化馆、图书馆与社会资本的交流合作,畅通资金的引入渠道,强化资金投入的可持续性,从而促进文化馆、图书馆的长远发展。

(三)加强业务培训

对文化馆、图书馆工作人员的业务培训是推动文化馆、图书馆发展的一种重要方式,要把握培训与服务并重的基本原则,创新培训方式和培训内容，精心策划组织提升员工素质与技能的系列培训课程、学术讲座、研讨交流活动等，增加针对特殊群体的文化服务的培训内容，使员工能够及时了解针对特殊人群开展文化服务的优惠政策，从而进一步提高馆员的服务意识、文化素养、专业知识、业务技能。

（四）强化激励机制

文化馆、图书馆要认真对待员工的需求，最好将单位的整体目标与员工的个人目标进行有机的结合。可以通过科学设岗、分类管理的办法，加强岗位目标管理，确保岗位考核能正确反映员工的工作情况，建立基于考核的奖惩机制，确保考核结果是职位晋升、评奖评优的主要依据。举办年度总结大会，对作出了突出贡献的员工进行表彰，激励员工为特殊群体提供更多更好的文化服务。

二、创新服务模式

探索新时期针对特殊群体开展公共文化服务的新模式，注重多元化文化服务，为特殊群体提供精准化、人性化的服务。

（一）完善配套设施

文化馆、图书馆在开展文化活动时要关注特殊群体的需求，为特殊群体完善配套的服务设施，在服务内容等方面充分为特殊群体考虑。如针对残疾人要设置无障碍通道、无障碍电梯、无障碍厕所等设施，方便残障人士出入。建立未成年人阅览室、盲人阅览室，及时更新儿童读物、盲文读物、视听读物等相关设备。设置老年人、残疾人等特殊群体的专用座位、休息区。为方便特殊群体参观、参加活动，积极为特殊群体参与和享受公共文化服务提供器材、场所等便利条件。

广东省东莞市文化馆开展无障碍标识照明、无障碍通道、无障碍电梯、无障碍休息空间、无障碍指示标识、剧场轮椅座位等的配置建设，为广大残障人士进出场馆、参展观演等提供便利的基础条件，努力让市文化馆成为一座方便残障人士进出、自由享受丰富的文化资源的爱心家园。

江西省南昌市图书馆针对视障人士，铺设了一直通往大楼北侧电梯的盲道，视障人士可通过该盲道直接到达各阅览室。此外，南昌市图书馆还专门开辟了近100平方米的"盲文及盲人有声读物阅览室"。

河北省石家庄市桥西区图书馆针对残疾人专门设置了残疾人专用无障碍通道、无障碍卫生间等服务设施，设有一间50平方米的残疾阅览室，配置有轮椅及残疾人阅览专座、盲人专用盲文图书、盲人智能听书机等。

浙江省龙泉市图书馆建成了丽水市首个视障电子阅览室和盲人图书室，配备了手持式电子助视器、台式电子助视器、远近两用电子助视器、视障电脑系统、一键式智能阅读器、盲文点显器、盲用刻印机、盲文转换软件及盲用听书机等专用设备。

（二）建立联动服务机制

探索新时期多元化文化投入模式，坚持政府引导、市场运作、多方参与的原则，多渠道吸引社会资金并将其转化为文化资源，为针对特殊群体的公共文化服务输血、加油、鼓劲。要构建区域联动机制，大力整合区域内及周边的优质文化资源，侧重在优势上做文章、在特色上下功夫，吸引社会各界的广大人民群众参与互动，缓解供给压力，降低运行成本，促进交流与合作，让文化实实在在地惠及特殊群体的精神生活。文化馆、图书馆可以加强与本地的文化产业、文化研究机构、文化教育机构的联动，实现区域内乃至全国范围内的信息共享、文化共建，同时也要避免重复性的文化建设。

广东省东莞市文化馆与东莞市残疾人联合会、广东狮子会、东莞市天柱慈善促进会等多家机构，共同发起成立"东莞星星联盟"，专注为自闭症儿童及其家庭提供公益文化服务，用心呵护"星星儿童"的身心健康与成长。

浙江省湖州市长兴县文化馆与县残疾人联合会及社会培训机构合作，以总馆与分馆联动的形式成功举办了"太湖风"公益培训班，开设了非遗传承、戏曲、器乐、舞蹈、书画、生活艺术等课程，全县各行业的 1000 余人进行了网上报名并参加了培训。

吉林省文化馆先后与长春市残疾人福利基金会、长春市经济技术开发区市容环境卫生管理局、吉林省监狱管理局等单位签署了公共文化合作框架协议，明确了服务的内容、方式、期限等，受到合作单位的欢迎。

湖南省湘潭市少儿图书馆与湖南世纪超星信息技术有限公司、鸿度科技等合作举办"数字阅读"推广进乡村活动，为湘潭县分水乡较场中学的学生和老师进行了移动图书馆培训，为乡村教育提供了精准化的教育教学资源。

广东省立中山图书馆"爱心义工实验田"项目联动弘毅书舍、广州机关党员志愿者彩虹服务队等社会机构，围绕经典童话、绘本故事、国学文化等不同主题，开展系列文化活动，通过"口语+手语"双语展示，为听障儿童与健听儿童搭建平等的交流与阅读空间。

浙江省龙泉市图书馆联合市残疾人联合会创建了丽水市首个蓝丝带图书室，关爱自闭症儿童；在河星村"阳光庇护中心"建立"残疾人图书室"，做到每 3 个月上门更换新书；还开通了覆盖全市公共图书馆、城市书房等的"通借通还"一卡通借阅证，并开通线上图书馆，方便残障群体随时随地获取高效快捷的借阅服务。

（三）开展志愿服务

依托艺术培训中心、群团组织、社会爱心组织、爱心企业及个人，成立特殊群体志愿服务队伍，特别是要注重培养吸纳各类有文艺特长的志愿者，让他们充当"文化使者"的角色，开展形式多样的文化活动。以"文艺表演＋物资探访＋情感交流"的文化志愿服务模式，对特殊群体进行探访和慰问演出，让受助者能像正常人一样，享受到丰富多彩的文化生活，增强其自信心，使其能更加积极地面对人生。同时，通过互动和交流，可以让社会给予弱势群体更多的理解、关爱和包容，也可以使参与探访的志愿者们在行动中奉献爱、感受爱、传递爱。

"文旅蓉光"——成都文旅志愿服务关爱残疾人系列活动是成都市文化馆于2016年启动的专门针对成都残疾人群体开展的公益志愿服务类文化项目，旨在组织专家型文化志愿者为残疾人群体提供精准的全民艺术普及文化志愿服务。该项目从送演出变为了"按需配送、服务与附能并重"，根据社区、学校等点位的不同需求，开设定向文化辅导。

四川省广元市文化馆"有爱·无碍"文旅志愿者促进残健融合志愿服务项目始于2003年，致力于服务聋哑、脑瘫、孤独症等残障青少年，通过在广元特殊教育学校开展美育普及，让残障孩子以及他们的家人在学习文化艺术、滋润心灵的同时，掌握一技之长。

河南省郑州市文化馆从2012年开始就组织馆内专业骨干、非遗传承人和文化志愿者，为包括孤独症等心智障碍人士在内的特殊群体提供公益辅导、温馨陪伴、文化惠民等服务，引入心智障碍干预机构的专业教师，常态化开设美术、书法、声乐、豫剧、钢琴、二胡等课程，建立了覆盖河南省18个地级市的特殊家庭交流群，让更多人关怀这一群体。

吉林省文化馆先后组织文化志愿服务小分队、金禾艺术团、雅乐民族乐团等，在春节、中秋节、重阳节等时间，深入吉林省养老服务示范中心等地，送演出、送温暖，极大地丰富了老年人的文化生活。

广东省中山纪念图书馆招募志愿者加入特殊儿童阅读服务，邀请各学科专家和一线实践工作者为学员集中授课和举办线上分享会，提高学员的阅读素养和专业能力。该方式充分激励了社会力量参与特殊儿童阅读服务。

（四）开展流动服务

流动服务是文化馆、图书馆延伸服务的社会覆盖范围的有效措施，流动服务是文化馆、图书馆文化服务向纵深发展的重要标志。开展流动服务，为特殊群体提供具有当地特色的流动文化服务项目，用"流动"弥补"固定"的不足，最大限度满足特殊群体的精神文化需求。"上门服务"的方式充分体现了方便快捷的特点，使公共文化服务走出家门，走入千家万户，真正做到了"流动"起来。

北京市东城区文化馆充分发挥群众文化干部的特长，以流动讲座的形式使文化服务走出文化馆，走进街道、社区，走进居民家，变被动为主动，提高文化馆的服务效益。

湖南省永州市江华瑶族自治县文化馆组织文旅志愿者到江华涛圩镇芙蓉学校开展流动服务展览活动。通过图文并茂的形式，进一步推广宣传了江华本土的非遗项目，进一步激发了学生对非物质文化遗产的探索兴趣，从而培养了学生保护和传承非物质文化遗产文化的自觉意识。

吉林省文化馆连续三年在长春市火车站，举办了"文化春运 文化惠民"文艺演出活动，节目突出吉林特色、内容丰富，为来来往往的旅客、朋友们送上精彩的演出，消除他们旅途的疲劳，受到大家的欢迎。

上海市普陀区图书馆的"蒲公英图书漂流"、普陀区文化馆的"文艺小分队下基层""文化指导员下基层辅导"等公益活动送文化进社区、进学校，满足特殊群体的精神文化需求。

广西壮族自治区南宁市图书馆、南宁市少年儿童图书馆充分发挥"汽车图书馆"的优势，深入企业、学校、军营、社区等，为广大读者提供阅读服务，不仅能够帮助读者办理现场办证、书刊借还、图书预约等，还能帮助读者在现场查询信息、下载资料等。此外，它们还把图书馆服务扩展到了没有固定图书馆的偏远地区。

（五）加大免费开放力度

文化馆、图书馆的所有公共文化服务设施和项目实施免费开放，加大免费开放的力度。文化馆、图书馆的各类活动室、展览厅、阅览室等所有的公共空间设施一律向特殊群体开放，非基本公共文化服务项目向特殊群体优惠开放。在开展免费开放的基础上，根据特殊群体的需求，加大文化馆、图书馆的延时开放、错时开放力度，实现公共文化服务的均等化、共享化，为更多特殊群体提供便捷化服务，最大限度地满足特殊群体的精神文化需求。

山东省泰安市岱岳区文化馆为未成年人等特殊群体提供了更多的公共文化活动空间。馆内设置有活动室，设有视听类、棋类、书法类等活动设备。馆内还安置有文化资源一体机以及地面互动设备，提供多种互动场景供未成年人使用。馆内的展览厅、多功能厅等全年向辖区内的未成年人等免费开放。

湖北省汉川市文化馆对未成年人、老年人、残障人士等提供书报阅览、资料查询、培训讲座、广场舞会、艺术展览等，通过这些丰富多彩的文化活动，使特殊群体感受到文化的力量，产生提升自我的诉求。

广东省怀集县文化馆利用现有的多功能厅、展示室、视听室、辅导培训教室、舞蹈排练室、娱乐活动室等公共空间设施场地，免费开办长期的美术、书法、音乐、舞蹈、跆拳道等各类艺术培训班，培养了一批后备艺术人才。

贵州省荔波县文化馆、民族图书馆通过资源整合，创新免费开放活动形式，不断满足不同年龄层次的人民群众的文化需求，联合开展了2022年荔波县公共文化服务免费开放培训班和"书香荔波·阅读小状元"阅读推广活动，开设美术班、书法班、舞蹈班等5个班次，极大地丰富了孩子们的精神文化生活。

三、丰富服务内容

针对特殊群体的文化服务既是公共文化服务的重点，也是公共文化服务的难点，应不断适应新时期的群众需求，不断丰富公共文化服务的内容。

（一）摸清基本情况

为了有针对性地服务特殊群体，要对他们的喜好进行深度调研，了解特殊群体的文化需求，根据不同的人群分类，分别建立特殊群体文化服务档案，以便日后对特殊群体实行更有针对性的、精准的帮助与支持。健全调查研究制度，认真开展需求调研和信息采集工作，通过第三方调查机构，获取特殊群体的第一手资料，从而在充分的调研基础上，确定服务项目，提供有针对性、有社会性、有影响力的服务内容。

云南省昆明市文化馆为更好地关注特殊群体的公共文化需求，了解特殊群体对昆明市文化馆公共文化服务工作的参与度和满意度，以填写问卷或对话沟通的形式，收集和记录特殊群体对文化馆的意见、建议和服务需求，以建立完善公共文化产品精准供给清单，针对不同群体的多样化、多元化文化需求开展"菜单式、订单式"服务。

（二）提高服务精准度

坚持普惠与特惠相结合，提升公共文化服务的亲和力，为特殊群体量身订制文化服务，实现公共文化服务的均等化和个性化。在和特殊群体精准对接的过程中，应对当地特殊群体进行合理的划分，参照性别、年龄等，为不同的个体建立专门的档案。依据不同群体的文化需求，通过传单、短信息、微信公众号、小视频等方式对文化活动进行精准宣传，鼓励倡导更多的人参与到文化活动中。

山东省烟台市福山区文化馆面向社会特殊群体，开展中老年模特培训、合唱培训、民乐排练、大提琴培训等各类公益培训课程，精准对接群众文化需求，让群众收获文化获得感、幸福感和满意度。

辽宁省本溪市南芬区图书馆在馆内设置残疾人专用无障碍通道，每年开展"校园图书漂流""送全家福送祝福""送春联"等系列活动，为区内的特殊群体提供多方位的公共文化服务，丰富广大群众的文化生活。

浙江省温州市图书馆建成全国首家老年分馆，针对老年群体定期开展丰富多彩、连续性强的文化活动，成功打造出"籀园老年学堂""籀园老年讲坛""籀园谈艺温州鼓词"等多个老年文化活动品牌。

山东省济南市图书馆不仅为视障人士免费发放千余台听书机，让他们平等享有阅读的权利，还面向听障青少年推出线上手语互动式阅读活动——"妙手释卷"，邀请专业手语老师与少儿阅读推广人以视频的方式同步为听障小读者开展阅读指导。

（三）提供"菜单式"服务

由于特殊群体受生理、心理、经济、年龄、交通、环境等多方面因素限制，文化馆、图书馆要打造公共文化服务体系的公益智能化"云平台"，对他们实行有效的管理和定位，根据他们的需求信息，通过传递、对接、整合，使特殊群体在家"一键"即可得到公共文化服务。特殊群体可通过电脑、手机等终端设备，享受免费公共文化资源，如线上公益培训、交流论坛、领取公益演出门票等丰富的公共文化资源。实行对特殊群体线上线下服务相结合的精准智能化服务，推动形成对特殊群体服务的新模式，让特殊群体在家中就能享受到"菜单式"服务。同时，设立完善的售后评价机制，为公共服务评价、打分。

重庆市南岸区公共文化物联网微信服务平台专门开发了针对特殊群体

的团体用户模块，让农民工及儿童等特殊群体可通过网上预约、电话预约、微信预约等形式向所在地的综合文化站提出预约申请，方便快捷地享受到优质高效的公共文化服务产品。

山东省济南市图书馆推出的"泉城书房——'快递小哥'驿站"项目，就是以遍布济南的泉城书房为阵地网络和载体，为以快递小哥、外卖骑手等为代表的网约配送员群体提供公共文化服务与其他综合服务的新兴特殊群体服务项目。

内蒙古自治区阿拉善阿右旗图书馆根据读者的阅读需要，积极购置各类图书，还为读者举办"法制在身边"亲子活动、"阅树杯"系列读者活动，招募大学生和中小学生参与志愿服务，为残障人士等特殊群体提供"菜单式"服务，内容丰富且全部免费。

（四）开展公益培训

文化馆、图书馆要积极开展面向特殊群体的公益性文化培训服务，组织文化演艺、图书管理、文艺创作等各类培训班，培训辅导文艺骨干和文艺爱好者，为特殊群体提供更多的学习和教育的机会，促进特殊群体知识的积累和人文素养的提升。

广东省佛山市禅城区文化馆自 2020 年起，为自闭症儿童免费提供了固定的培训场所开展公益艺术培训活动，并组织文化志愿者为自闭症孩子提供专业的音乐和美术课程，帮助"特殊天使"建立与人沟通的意识与桥梁，帮助他们快乐成长。

江苏省镇江市文化馆的"与爱同行'艺'心筑梦"活动，由市文化馆业务骨干组成的文化志愿者服务队，对特教中心的孩子进行艺术培训，旨在用艺术去关爱残障儿童，根据孩子们的需求，设置了器乐、语言、声乐、舞蹈、美术等艺术门类的课程，从而让更多的残障儿童享受与其他同龄人同样的文化艺术服务。

四川省绵阳市梓潼县文化馆的以"有爱无界"为主题的公益培训活动专门针对特教学校的学生开展,每个月开展培训一次,按照"点菜式"培训模式,充分征求学生意见,开设了舞蹈、音乐、手工、体育、口才、美术培训课程,让学生学有所得。

甘肃省张掖市高台县图书馆举办"关爱特殊群体·弘扬志愿服务精神"健康知识讲座,利用馆藏专家讲座资料,播放了胃肠养生视频,并与大家进行互动交流,呼吁大家要合理饮食,让更多居民关注自己和家人的健康,养成良好生活习惯。

江苏省徐州市云龙区图书馆联合云龙区残疾人联合会等单位举办了"让世界更懂你,无障碍不孤独"特需儿童家长讲座暨儿童画展公益活动,讲座邀请了四位专家就孤独症儿童情绪管理等内容与家长交流,现场回答家长的提问。与会专家、儿童家长对图书馆的无障碍环境进行了体验。

四、加大宣传推广力度

文化馆、图书馆要通过形式多样的宣传手段,如新闻媒体、网站、抖音、快手、微博、微信等新兴媒体,大力宣传公共文化场馆的公益性质和教育职能,提高自身的知名度并宣传对特殊群体提供服务的范围、项目及优惠政策,加强与特殊群体的交流与互动,吸引特殊群体走进文化馆、图书馆,尽情享受公共文化服务。

(一)拓宽宣传渠道

文化馆、图书馆要加强网络宣传,积极与新浪网、新华网等门户网站合作,充分发挥网站的品牌优势、资源优势和传播快捷优势,吸引特殊群体更多的注意力和关注度;要充分利用微博、微信等新兴传媒,创新传播方式,及时推出最新资讯,不断扩大传播的受众范围;要加强主流媒体的宣传，邀请 CCTV、《人民日报》等主流媒体或刊物采访报道，扩大文化宣传的影响力和覆盖面，提高特殊群体的知晓度。

广东省佛山市禅城区文化馆通过微信公众号、bilibili 等平台，直播文化活动，提供线上公共文化服务，设置云课堂、云讲座，利用数字共享平台为市民群众搭建与文化馆快速沟通的桥梁，让他们足不出户就可以体验到公共文化服务。

北京市海淀区文化馆为满足广大人民群众旺盛的艺术学习需求，滚动开设线上直播课程，涵盖声乐、器乐、舞蹈、书画 4 个门类，包括瑜伽、国画、书法、素描等几十门课程。一年开设 6 期，平均一个多月一期，每期招收 1000 多名学生，滚动快、周期短、覆盖人群多，无论是上班族、老人还是儿童，都可根据自己的时间、兴趣、爱好、水平，选择自己喜欢的课程。

天津市滨海新区图书馆开展"童心童想 爱在华诞"线上主题活动。活动以爱国为主旋律，通过线上观看动画视频、唱响爱国歌曲、爱国知识答题等趣味十足的活动，让小朋友从小树立民族自尊心和自信心，弘扬伟大的民族精神，增强小朋友的爱国意识和责任感，实现中华民族伟大复兴的中国梦而勤奋学习，贡献自己的力量。

（二）加强信息化建设

推进"互联网+活动"，创新宣传推广，建立文化资源管理与服务平台，借助信息技术的交互性优势，利用多媒体、虚拟现实等技术手段赓续文化的生命力，拓展文化的表达形式，构建出突破时空限制的文化活动载体。强化文件资源共建共享机制，依托数据信息生产、传播、复制与存储的便利性，发挥网络社交平台的作用，向全民提供"线上+线下"的新型文化共享服务。使用大数据技术采集、整合、分析文化资源在网络平台流通过程中所产生的数据，在保障隐私的情况下，为后续的优化服务工作做好准备。

四川省成都市文化馆、成都市文化志愿者协会主办的"文旅蓉光——2022年特殊教育公益志愿服务项目教学成果展演"在线上通过"文化天府"App 线上开展，来自成都的特殊教育学校和公益组织的特殊人群轮番为观众带来了舞蹈表演《有你就幸福》、合唱表演《送别》、非洲鼓表演《小蜜蜂》、舞蹈声乐表演《江南》等10余个节目。

吉林省延吉市少年儿童图书馆为推广数字化阅读，开展2023"推动信息无障碍——特殊青少年数字资源阅读"活动，促进了特殊青少年对数字阅读的认知，同时激发了他们对科普知识的阅读兴趣。

浙江省温州市图书馆"智慧城市书房"的元宇宙空间，让读者可通过导航模块和智能馆员指导，遵循系统预设路线或自选路线，进行漫游参观；虚拟馆员将为读者进行讲解与引导，让读者如同置身于真实空间。同时，该空间还支持馆藏导航功能，读者检索到指定馆藏后，点击导航，虚拟馆员将指引读者到馆藏书目所在区域。读者足不出户，就可以在线上直接阅读 3D 形式的数字资源。

山西省图书馆的线上栏目"金闪闪的故事屋"，每周一到周五每晚一个故事，为广大少年儿童送上甜美丰盛的精神食粮，让小读者从"听故事"开始，爱上阅读，坚持阅读。在全民读书季期间，该馆还推出了特别栏目"金闪闪的朋友们来了"，由少儿馆员出镜为读者介绍图书、教授手工、进行科普宣传等。

（三）打造特色品牌

结合重要节日、纪念日等，针对特殊群体开展内容丰富、形式多样的文化活动，不断创新服务内容，培育具有本地特色的服务品牌，扩大文化馆、图书馆的对外影响力，提高特殊群体的热情和参与积极性。

广东省东莞市文化馆携手东莞市残疾人联合会成立了专门为视障人士

讲电影的品牌活动——"心目影院"，通过语言描述电影中的画面信息，弥补视觉障碍带来的信息缺失，使视障人士在"听电影"的过程中身心愉悦、提高自身的认知和行为能力。

江苏省苏州市公共文化中心"苏州人讲苏州名人故事"、吴江"大手牵小手，一起看遗珍"、太仓"非遗进校园"、常熟"书香中的优雅"阅读实践课、昆山"百戏盛典"志愿者服务、姑苏区为盲残群众打造的"与你瞳乐"等地域特色鲜明的志愿服务活动，得到群众普遍赞誉。

江西省南昌市图书馆针对未成年人开展了"绘本之旅"系列亲子阅读、"悦"耳轻听——孩子们的演奏会等活动，在打造服务品牌的同时为未成年人提高阅读能力作出了贡献。

广东省中山纪念图书馆考虑特殊儿童以及家长的需求，设计并制作活动商标、创作活动歌曲《我们读绘本啦》、推广公益宣传片《我们一起阅读》，以组合拳的方式打造阅读推广项目，树立起品牌形象。

文化馆、图书馆是公益性文化事业单位，作为群众文化服务的最后一环，其担负着重要的文化供给职责，并非仅仅为普通群众提供文化服务，而是应该覆盖全体群众，对于特殊群体更是应该充分发挥扶持作用，丰富特殊群体的文化生活。

参考文献

[1] 程梦娜. 文化馆针对特殊群体提供的文化服务与精准扶贫 [J]. 青年时代，2019（6）：109-110.

[2] 周增鸿. 深山扶贫攻坚路 文化助力奔小康：浅议文化馆针对特殊群体提供的文化服务与精准扶贫 [J]. 新丝路，2019（2）：11-12.

[3] 唐小梅. 文化馆对特殊群体的文化服务对策阐释 [J]. 参花（上），2020（8）：135.

[4] 蔡韫珺，何冰，冯婷婷.《公共图书馆法》背景下图书馆特殊群体服务提升策略研究：以南昌市图书馆为例[J].图书馆研究，2020（1）：92-97.

[5] 赖晓英.公共图书馆服务特殊群体的创新路径研究[J].江苏科技信息，2021（21）：25-29.

[6] 赵振洪.公共图书馆为特殊群体读者提供服务的思考[J].中国民族博览，2021（14）：214-216.

[7] 袁静.文化馆的特殊群体服务：安康市群艺馆少儿公益美术培训的实践与思考[J].百花，202（8）：106-107.

[8] 方家忠.公共图书馆高质量发展：实质与内涵[J].图书馆论坛，2021（2）：41-45.

[9] 朱佳林.可行能力视角下特殊群体阅读推广服务研究[J].图书馆工作与研究，2021（5）：99-105.

[10] 杨书彬.基于"5W"模式的公共图书馆特殊群体阅读推广服务创新[J].内蒙古科技与经济，2021（8）：121-122.

[11] 万琳娜.基于公共文化服务政策环境下文化馆的发展研究[J].环境工程，2022（10）：326.

[12] 周芳芳.新时期公共图书馆为特殊读者群体服务的思考：以伊犁州图书馆为例[J].中共伊犁州委党校学报，2022（4）：103-105.

[13] 陈碧红，闫小斌.公共文化服务标准化建设地方实践：渭南标准的背景、思路与特点[J].图书馆论坛，2022（9）：2-8.

[14] 白强.新时代背景下文化馆在群众文化工作中的影响和作用探析[J].文化产业，2023（4）：80-82.

[15] 赵静.文化馆公共文化服务效能提升研究[J].中国报业，2023（7）：224-225.

第四章　群众文化推动全域旅游发展研究

随着文化和旅游的深度融合，如何按照"宜融则融，能融尽融，以文促旅，以旅彰文"的工作思路，充分发挥群众文化推动全域旅游发展的积极作用，满足人民群众差异化、多样化、品质化的精神文化需求，引起了文化旅游业内人士的广泛关注。

群众文化要推动全域旅游业的发展，不但要理解旅游的文化属性，还要通过繁荣发展群众文化提升旅游的核心竞争力，并通过全域旅游的发展反哺带动群众文化的发展，实现文化与旅游融合发展。

第一节　群众文化推动全域旅游发展的背景

旅游是人们对未知境界的主动性探索，是对精神文化的主动性追求。群众文化与全域旅游的有机融合，可以使游客在感受到自然风光、人文景观之美的同时，感受到当地的特色地域文化，是满足人们精神追求的重要途径。

群众文化与全域旅游的融合发展，可以使全域旅游的群众性更加突出，同时也创新了文化旅游载体，从而可以不断满足人们在旅游的内涵和质量方面日益增长的多样化、个性化需求。

一、群众文化的主要功能

群众文化，是指人们在职业之外、自我参与、自我娱乐、自我发展的具有社会性质的文化，是人民群众在娱乐的过程中，满足自身精神生活需要、自我发展的社会历史现象。群众文化是全体人民大众的文化，是基本社会群体的文化，也是我国文化体系的重要组成部分，在社会发展进程中具有重要的作用和价值。群众文化具有多样化、多元化、多维化的特点，包括但不限于文学、戏剧、美术、音乐、舞蹈、竞技等，各种类型的群众文化相对独立、各成一体，但也相互关联、相互融合、相互渗透。群众文化作为人们业余时间消遣的重要活动，可以帮助人们缓解压力、重振精神，让人们全身心地投入其他工作中去。

群众文化的主要功能包括：开展社会教育，提高群众文化素质，促进精神文明建设；组织开展丰富多彩的、群众喜闻乐见的文化活动；开展流动文化服务；指导群众业余文艺团队建设，辅导和培训群众文艺骨干；组织并指导群众文艺创作，开展群众文化工作理论研究；开展数字文化信息服务；配送文化资源和文化服务；开展民间文化交流。随着经济社会的发展，人们的审美能力和鉴赏能力越来越高，人们对群众文化的要求也越来越高，群众文化的功能也在不断升级和丰富。

二、全域旅游的主要功能

全域旅游可以全方位、系统化地整合、提升区域内的旅游资源，以旅游业带动和促进经济社会发展，实现区域资源有机整合、产业融合发展、社会共建共享。在全域旅游中，各行业、各部门和区域内的居民共同参与旅游业的发展，充分利用区域内全部的旅游吸引物要素，为游客提供全过程、全时空的文化旅游体验。

全域旅游所追求的不再停留在旅游人次的增长上，而是更多地放在旅游质量的提升上，追求的是旅游对人们生活品质提升的意义。全域旅游是旅游产业的全景化、全覆盖，是资源优化、空间有序、产品丰富、产业发达的科学的系统旅游，要求全社会参与、全民参与旅游业，通过消除城乡二元结构，实现城乡一体化，全面推动产业建设和经济实力提升。

三、全域旅游的群众文化需求凸显

中国旅游研究院的《2019上半年全国文化消费数据报告》显示，2019年上半年在外地旅游、参加和体验文化活动者，占比超过八成。外地文化旅游消费潜力巨大。该报告中有一组数据对比了文化消费者参与各种不同形式的文化活动的情况：国民选择参观博物馆、文化古迹的比例最高，其次是观看电影电视，再次是欣赏话剧、歌舞等文艺演出，而在所列举的文化活动参与形式，参与群众文化体验的占比最低。由此可以看出，游客对旅游的文化品质、参与性文化活动的需求越来越强烈，但文化旅游产品和服务的供给内容有待丰富，群众文化与旅游的融合度还需要提高。

游客的个性化、自主化需求日益明显，不但希望在旅游中感受山水画境、人文诗意，也希望体验源远流长、韵味深沉的优秀民间文化，还希望热情参与广场舞、音乐会打卡等群众文化活动，通过旅游放松身心、陶冶情操、开阔视野。随着旅游的人次、频率的逐步攀升，要开拓以群众文化供给为主导的主客共享、兴趣相通的文旅新空间、新体验，开发文化含量高、参与度高的旅游产品及服务，适应全域旅游的发展需求。

四、群众文化机构的功能需要转型升级

群众文化机构主要是指各级文化馆（站），其主要功能是为群众提供优

质的公共文化服务，满足人民群众的公共文化需求。部分群众文化机构的目标定位不清晰，缺乏长远规划和对群众文化需求的准确把握，服务覆盖面不宽，服务效能和创新能力有待提高。文化艺术门类繁多、服务对象千差万别、运行管理循规蹈矩、硬件设施和管理机制相对落后，也造成了群众文化机构的服务项目和服务活动缺乏吸引力，影响力逐渐减弱。群众文化机构要顺应文旅融合的发展趋势，积极创新管理思维、服务理念和运行机制，从推动全域旅游发展的角度更好地发挥作用。

五、群众文化是全域旅游的重要推动力量

（一）群众文化有助于丰富全域旅游的文化内涵

随着人们精神文化需求的日益增长、审美观念的改变和提升，旅游已不再局限于欣赏自然风光、人文景观，游客希望体验、感悟当地的特色文化。同时，旅游企业为吸引游客，提升知名度和美誉度，进而创造更多的经济效益，积极与各类文化机构合作，不断创新群众文化的内容和形式，丰富群众文化的表现载体，凸显旅游的文化内涵。

（二）群众文化有助于增强全域旅游的游客体验

在中华优秀传统文化漫长的演变过程中，各地区形成了各具特色的戏曲、歌舞、书画、文学、曲艺、手工艺等多种形态的民俗民间艺术，为群众文化的蓬勃发展提供了深厚的文化滋养。群众传承传播的民俗民间艺术，具有很强的参与性，为游客提供了丰富的体验。

（三）群众文化有助于发展全域旅游的新型业态

全域旅游中，乡村旅游、城市旅游融合发展，不同文化的碰撞，使旅游更显文化的韵味。群众文化和全域旅游的融合发展，带动文化旅游小镇、

历史文化名村、文艺村落（街区）等新的经济发展模式，形成了集传统饮食、文艺欣赏、工艺展示、文化赛事、文创产品等于一体的旅游新型业态。

（四）群众文化有助于培育全域旅游的人才队伍

发展全域旅游需要大量人才作为支撑。每年的旅游旺季也是群众文化活动开展的高峰期，文旅融合的群众文化活动促进了不同文化的交流，拓宽了群众文化人才的眼界，为群众文化人才展现自我形象搭建了平台。

群众文化机构开展的培训辅导活动中，可以融入与旅游知识、旅游技能等相关的内容，让参加培训的人员接受全域旅游的理念，自觉地投身于发展全域旅游的工作中去，从而提升旅游从业人员的服务素质和服务能力，为培育全域旅游人才队伍建设作出积极贡献。

第二节 群众文化推动全域旅游发展的实践

高质量的全域旅游对文化品位的要求较高，要让文化元素无处不在、文化设施星罗棋布、文化活动随处可见、文化氛围笼罩全域，游客时时处处都能感受到文化的熏陶和滋润。当前，群众文化推动全域旅游发展已取得了一定成效，出现了很多成功案例，但也存在一些制约发展的问题。

一、群众文化推动全域旅游发展的成功经验

（一）群众文化资源丰富旅游内涵

深入发掘当地的群众文化资源，并对其进行利用、保护、创新，可以有效丰富全域旅游的文化内涵，为全域旅游业的发展提供丰厚的文化基础。

山东省发挥其国家级文化生态保护实验区、省级文化生态保护实验区、

各级非遗项目及非遗传承人等的作用，开发潍坊风筝、木版年画、山东剪纸、山东梆子、山东快书、柳子戏等非遗项目，以及东阿阿胶、德州扒鸡、周村烧饼等中华老字号产品，着力打造地域旅游特色，使民间民俗文化成为文化旅游的一道亮丽风景线。

河南省南阳市南乡县坚持用文化引领时代风尚、用文化提升城市品位、用文化魅力凸显城市张力、用文化动力激发城市活力，深入挖掘河南独有的文化气质，打造特色"文化地标"，推出"菊乡书声""放歌湍河""出彩宛梆""舞动内乡"等接地气、有味道的群众文化品牌活动，形成开放性、互动性、常态化的品牌文化体系。

浙江省台州市仙居县通过发掘和整理手工剪纸、针刺无骨花灯等民间文化艺术，在永安溪漂流游览中应用民间音乐，将优美的民间故事和传说汇编成《仙居风景名胜故事集》等方式，使民间文化艺术重放异彩，推动全域旅游发展。

（二）群众文艺作品催生新型业态

群众文艺作品创作与旅游发展相融合，既宣传推介了旅游吸引物，催生了新型旅游业态，也促进了群众文化的繁荣发展。

《远方的家》《舌尖上的中国》《记住乡愁》等电视文艺作品，在为观众呈现了一场赏心悦目的视觉盛宴的同时，也带动了各地的乡村旅游的蓬勃发展。

电影《哪吒之魔童降世》塑造了哪吒"我命由我不由天"的形象，传播了新时代的正能量，激励了广大人民群众为美好生活努力奋斗，同时也带动衍生了一系列的文创旅游产品，成为电影文艺作品助推旅游产业发展的一个"样板"。

陕西省延川县双水村因长篇小说《平凡的世界》成为重要的乡土文化旅游目的地，每年吸引着大量海内外的游客，带动了旅游产业的发展。浙江省绍兴市还原了鲁迅笔下的"鲁镇",每年游客络绎不绝,是文艺与旅游深度融合的最好实例。

江西省婺源县以文艺创作留住乡愁,积极调查传统徽派文化资源,建立了婺源的文脉记忆,多维度融合了传统美食、传统村落、自然风光等,创作了能够留住乡愁的文艺精品,为当地旅游业的发展提供文化助力。

(三)特色群众文化活动营造文化氛围

群众文化艺术的繁荣与发展,在很大程度上反映一个城市的品位和内涵,体现着城市的活力、魅力、实力和竞争力。群众文化活动对营造文化氛围具有独特作用。

街头艺术表演不是旅游项目,但丰富了全域旅游的内容和形式,是丰富旅游体验、促进文旅融合的重要方式。河北省秦皇岛市北戴河的"街头文化人"活动是第十届中国艺术节"群星奖"获奖项目,自2004年夏季推出以来,每年旅游旺季组织百余名各艺术门类的文化人于每晚在步行街、公园、沿海线等20多个表演点位进行声乐、器乐、舞蹈、美术等不同形式、内容的表演,丰富了广大群众及游客的文化生活,助推了秦皇岛"夜经济"的发展,助力秦皇岛营造"时尚、浪漫、典雅、和谐"的城市形象,成为秦皇岛夏夜里一道不可缺少的亮丽风景线。成都市文化馆组织和推动街头艺术表演,在全市街头巷尾设置表演点位60余个,吸引了来自全国各地的260多位年轻艺人参与,创造了一整套街头艺人遴选、考核、管理制度和机制。此外,深圳的"街头艺术四季FUN"、哈尔滨的"街角文艺"等也都属于这类活动。这些街头艺术表演活动作为一种特色的群众文化活动为当地旅游业的发展营造了良好的文化氛围。

群众文化机构充分利用拥有的丰富的文化娱乐资源,积极开展送文化进景区活动,丰富旅游的产品业态,提升景区内涵。

山东省文化馆从2017年开始在开展文化进社区、进乡村、进军营、进校园、进企业、进工地等"六进"活动的基础上,开展了文化进景区活动,在千佛山景区推出了"百姓大舞台"项目。该项目现已发展成为服务周边群众和济南夏季夜游的特色群众文化活动。同时,山东省的群众文化机构通过开展文艺辅导,辅助景区推出了台儿庄古城景区的街头演艺、济南市九顶塔中华民俗欢乐园的情景剧等小微演艺活动,这些活动受到景区和游客的欢迎。

旅游旺季在景区举办具有地域特色的民间艺术展览、群众文艺演出,既增强了旅游的趣味性和吸引力,又使得游客在领略自然山水风光的同时,品味到了独具特色的精神旅游。

辽宁省丹东市挖掘沿江、沿海边境城市的特色历史文化,开设了民间篆刻艺术展、玉器精品艺术展、中华历代钱币珍藏艺术展、海华珍奇艺术展、市花艺术展等展览,使得当地的群众文化也借势得到了发展。

安徽省淮南市开展了一系列的群众文化活动,介绍了当地的风土人情、名胜古迹、非遗文化等,其中,利用当地的各类民间传说编排的楚汉文化群众文艺演出吸引了近万名游客驻足欣赏,营造了良好的文化氛围,促进了当地旅游业的发展。

二、群众文化推动全域旅游发展存在的问题

(一)需要深入理解群众文化助推经济发展的功能

发展理念、运营能力、投资主体、融资渠道、团体建设等因素制约了群众文化与全域旅游相融合对促进经济发展作用的发挥。需要进一步促进业态融合、产品融合,持续激发人们对文化旅游的需求,对群众文化给予正确的引导与资金、政策、技术等方面的支持,使群众文化与全域旅游实现有效融合,形成经济发展的新优势、新引擎、新动力。

（二）需要深入理解群众文化促进就业的功能

群众文化缺乏吸引力和感召力，导致其无法有效与旅游业的上下游产业融合，从而为市民和游客提供更加完善的文化旅游服务。群众文化融合旅游发展需要多方位、全链条的深度合作，实现资源共享、优势互补、协同并进，形成以群众文化为牵引的旅游产业链，提供更多的文化旅游行业的工作岗位，促进就业。

（三）需要深入理解群众文化与旅游的公共服务功能

群众文化与旅游的公共服务功能需要深度融合，群众文化、旅游的公共服务功能的设置、资源配置、建设管理等有待统筹推进。要依据现有区域特点、地域文化资源等，走特色化、差异化发展的道路，发挥群众文化和旅游为市民和游客提供公共文化服务、公共旅游服务的功能的作用。

第三节 群众文化推动全域旅游发展的路径

要遵循旅游业发展的客观规律，提高思想认识，加强理论研究，适应研学旅行、科技旅游、休闲旅游、养老旅游、定制旅游等文化旅游需求，积极探索群众文化推动全域旅游发展的路径，提升全域旅游的发展质量与文化内涵，推动全域旅游持续稳定健康发展。

一、群众文化推动全域旅游发展的总体设想

（一）创新发展机制

文化是人类独有的生存方式，创新是文化可持续发展的路径。群众文

化与全域旅游融合发展已成为新的时尚潮流。要破除固化思维，完善群众文化推动全域旅游发展的机制，寻找群众文化与全域旅游融合发展的亮点，增强发展活力。

（二）共建共享文旅资源

要按照因地制宜、因势利导的原则，挖掘群众文化与全域旅游的潜力，共建共享文化旅游资源。要谋划多姿多彩、形式多样的群众文化活动，推动全域旅游项目发展，争取社会的关注与支持，吸引社会力量参与。

（三）让群众共享发展成果

要为群众提供优质、便利的文化旅游服务，将群众文化服务资源融入全域旅游。要保障群众的基本公共文化权利，满足群众日益增长的文化旅游需求，使群众共享改革发展的成果。

二、提高思想认识

（一）准确定位

要以文旅融合的视角，明确群众文化在公共文化服务和旅游服务中的定位，创新服务理念和方式，开展相关的艺术普及和文化传播活动。要以主流价值观为导向，充分融合具有地域特色的人文地理、历史文化、民风民俗等，开展特色文化服务，组织特色文化活动，扩大受众面和覆盖面，不断提升文化旅游的影响力，打造文化旅游新亮点。

（二）站位高远

群众文化推动全域旅游发展是未来文化与旅游深度融合发展的重要趋势，也是群众文化转型升级、适应社会进步、满足人们精神文化需求的重要内容。群众文化机构、群众文化专业的从业人员要站在文化旅游行业未来发展的高度，从发展群众文化事业、发展文化旅游产业两个方面深度谋划群众文化推动全域旅游发展的蓝图。

（三）视野开阔

群众文化推动全域旅游发展没有一套固定的模式。要放眼国内外，关注文旅行业的最前沿发展现状，关切群众文化、旅游行业的实际情况。

（四）脚踏实地

群众文化推动全域旅游发展要理论联系实际，在实践中检验理论，不断总结经验、汲取教训，提出具有较强可操作性的促进文化旅游行业良性发展的具体举措。

三、加强理论研究

（一）掌握现实情况

面向相关的机构、团队、研究人员和资深从业人员开展行业内的调查研究，掌握行业发展现状，重点了解行业发展的困难和未来的发展方向。同时，面向社会各界人士了解他们的文化旅游需求。

（二）进行案例分析

广泛查阅新闻报道、资料汇编、学术专著等，并开展相关的实地调查、委托调查等，大量收集、整理与群众文化推动全域旅游发展相关的成功、失败案例。对案例进行分析，研究案例中的背景、环境、举措、优势、劣势等，汇总起来，为理论研究和制度设计提供实践证据。

（三）加强业内交流

在文旅融合的新阶段，与群众文化推动全域旅游发展相关的理论研究应当具有开放性、包容性，形成容纳不同立场、观点、方法的学术空间。在术业有专攻的前提下，业内的机构、团队或从业人员应加强沟通交流，特别是专业研究机构与文旅行业的单位要密切联系，聚焦行业发展的热点、难点，根据现实情况，为全域旅游发展提供理论支撑。

（四）提供制度设计

理论研究成果一定要在回应现实问题的过程中产生，理论研究的最终目的是形成一套完整的、贴合实际的、可以实际操作的制度设计，为制定政策提供理论依据，为行业发展提供顶层设计。

四、挖掘推动全域旅游发展的文艺资源

（一）挖掘可以助推文旅融合的文艺资源

民间文艺是独具特色的重要旅游资源，也是提升区域旅游竞争力的核心资源。要搜集、发掘、整理、创新民间文艺，使民间文艺重放异彩，并有效融入旅游活动中，为旅游业发展注入强劲动能。群众文化机构要深入挖掘当地的民俗文化，对其进行传承、保护、利用，加强对民俗文化的创造性转化、创新性发展，为推出富有地域特色、体现文化符号、开发文化旅游产品夯实基础。

（二）创作文旅融合的群众文艺作品

创作文旅融合的群众文艺作品是群众文化推动全域旅游发展的重要内容。要立足本地的特色以及历史文化情况，创作电影、电视、美术、书法、

摄影、文学、歌曲、舞蹈、戏曲等各种艺术形式的群众文艺作品，利用微信、抖音等宣传与当地有关的文化艺术名人，加强对文化旅游资源的整合、保护，使优秀的群众文艺作品、文化艺术名人成为吸引游客前来旅游的重要标志。

（三）开发文旅融合的群众文化产品

设计、开发更具文化内涵、更能体现当地文化特色的旅游 IP、传统手工艺品、创意商品等群众文化产品，既能增强全域旅游的趣味性和吸引力，又能使市民和游客在领略山水风光的同时，品味到颇具特色的优秀传统文化的神韵。要立足文化资源与市场导向，积极寻找新的突破口，打造出符合时代特点和群众精神文化需求的群众文化产品。

五、搭建推动全域旅游发展的文化服务平台

（一）建设文旅融合的群众文化场所

要坚持提升公共文化服务设施的服务效能，围绕旅游业的上下游链条结构，建立具备文化服务功能、旅游服务功能的群众文化场所，并将其融入文化旅游线路中。可以充分利用现有的图书馆、文化馆、综合文化站、综合文化服务中心、博物馆、纪念馆、艺术馆、美术馆等公共文化服务设施，为它们增加旅游服务功能，形成文化旅游活动的功能区，并开发研学旅游线路。同时，丰富景区、酒店、旅游商品专营店等与旅游相关的旅游设施的文化内涵，推动文化旅游的发展。

（二）开发文旅融合的群众文化项目

以文化旅游市场的需求为导向，牢牢把握社会主义先进文化的发展方向，为全域旅游健康发展提供更加先进、更加积极向上的群众文化资源。

挖掘本地特色文化资源，规划、开发、创新文旅融合的群众文化项目和线路，在博物馆、名人故居、艺术城、小吃一条街、文化一条街、文化创意园区等参观游览点位，推出适合市民和游客参与的餐饮、观赏等体验项目，并开发相关的文创产品，拓展群众文化旅游空间，提升全域旅游形象。

（三）构建文旅融合的群众文化服务平台

结合文旅融合的现实需求，打破时间、空间的局限，按照分级建设管理、统一发布信息的原则，建设文旅融合的群众文化服务平台。平台要发挥文化旅游服务的提供者和引导者的作用，利用网站、App 等，发布与本地的文化旅游资源、服务、活动等相关的信息，使市民和游客可以一站式地了解全域文化旅游的情况，提升群众文化的感染力和影响力，增强旅游目的地的吸引力。

六、开展文旅融合的群众文化活动

整合群众文化资源，打造具有本地特色的群众文化品牌，增强相应的群众文化活动的知名度和影响力，提高市民和游客的热情和参与积极性。开展多种多样的群众文化活动，不但要在专业场馆内组织开展，还要在公园、广场、繁华街区、早市、夜市等地组织开展街头音乐、舞蹈、美术、非遗等展演展示活动，吸引市民和游客参与，充实全域旅游的内容，实现文化旅游的全景化、高品质、全覆盖。

七、举办推动全域旅游发展的文艺培训

（一）培育文旅融合的群众文化队伍

打通合作渠道，通过群众文化共建共享、群众文化帮扶、文化志愿者

等形式，将全域旅游的模式引入公共文化服务机构和群众文化团队的运营中，培育具有市场经济思维、全域旅游意识的群众文化人才队伍。

（二）开展文旅融合的文艺普及培训

要通过文旅融合的文艺普及培训，使每个人都成为旅游宣传员，潜移默化地开展旅游宣传。不但要面向社会公众开展文艺普及培训，还要对导游、司机、景区工作人员、餐饮服务人员、宾馆服务人员等旅游行业的从业人员进行群众文艺普及培训，提升他们的文艺素养、礼仪素养。

（三）开展文旅融合的群众文化交流活动

要加强区域内群众的文化交流，举办广场舞、健身舞、大合唱等群众文化交流活动。适时开发才艺交流游、非遗发现游等，并合理安排行程内容、丰富游客的文旅体验。同时，借助影响力大、覆盖面广的群众文艺组织，充分发挥互联网宣传推介的积极作用，扩大文旅融合的群众文化交流活动的受众群体和社会影响。

（四）辅导文旅融合的群众演艺活动

鼓励文艺团队开展文艺创作、文艺演出活动，推出投入小、难度低、见效快的小微型剧目，为游客提供具有较强参与性、体验性的群众文化演艺项目。同时，群众文化机构要针对当地旅游机构、特色文艺团队的需求，组织开展音乐、舞蹈、戏曲、艺术编导等方面的文艺培训辅导活动，助力打造特色文艺团队。

参考文献

[1] 卜丹红. 群众文化与创意旅游产业的共生发展 [J]. 岁月，2012（11）：215-216.

[2] 吴洪春. 让群众文化成为中国特色的共享经济：盐城市群文与旅游嫁接的实践与思考 [J]. 青年时代，2015（23）：69-70.

[3] 孙小良. 论群众文化活动品牌的牵引作用：以桂林市"漓江之声"文化活动为例 [J]. 群文天地，2016（6）：75-77.

[4] 王芳芳. 关于群众文化与旅游业融合发展的实践与思考：以苏州市吴中区为例 [J]. 丝绸之路，2016（8）：44-45.

[5] 余应木. 基于文旅融合下基层文化馆文化服务探索 [J]. 民族音乐，2019（4）：58-59.

[6] 朱刚. 文旅融合背景下城市公共文化发展新思路 [J]. 文化产业，2019（5）：47-48.

[7] 陈前文. 群众文化工作与发展乡村旅游探讨 [J]. 文艺生活，2019（7）：205-206.

[8] 吴寻. 新时代文化和旅游的融合发展 [J]. 文艺生活，2019（7）：210，229.

[9] 王锐. 论群众文化如何助推旅游业快速发展 [J]. 旅游纵览（下半月），2019（10）：33.

[10] 姜小燕. 群众文化与旅游业融合发展的实践路径探析 [J]. 文艺生活，2019（9）：195.

[10] 王慧聪. 论文化馆在文化旅游融合发展中的作用：以山东省文化馆系统为例 [J]. 人文天下，2019（19）：11-13.

[12] 李国新，李阳. 文化和旅游公共服务融合发展的思考 [J]. 图书馆杂志，2019（10）：29-33.

[13] 金郁. 浅谈文旅融合背景下文化馆服务创新 [J]. 山海经：教育前沿，2019（11）：44，56.

[14] 叶嫣. 群众文化与旅游业融合发展的实践路径探索 [J]. 文化创新比较研究，2019（20）：139-140.

[15] 黄振.试论群众文艺精品创作与旅游发展相融合[J].大众文艺，2019（22）：14-15.

[16] 季炎.管窥"互联网+"时代下的当代群众文化[J].智库时代,2019(46)：3-4.

第五章　激活非物质文化遗产发展动能研究

习近平总书记曾强调，"每一种文明都延续着一个国家和民族的精神血脉，既需要薪火相传、代代守护，更需要与时俱进、勇于创新"，"让收藏在博物馆里的文物、陈列在广阔大地上的遗产、书写在古籍里的文字都活起来"。面对人们的生存环境、生产生活方式、思想观念的变化，及时、合理、系统、有效地激活非物质文化遗产的发展动能，成为非物质文化遗产保护工作等文化发展工作的重要内容。

第一节　激活非物质文化遗产发展动能的背景分析

近年来，我国的非物质文化遗产保护工作取得了可喜进展，非物质文化遗产得到了有效保护和传承发展。但是仍有许多非物质文化遗产的传承和发展面临困境，亟须激活非物质文化遗产的发展动能。

一、激活非物质文化遗产发展动能的必要性

非物质文化遗产是各族人民世代相传并作为文化遗产重要组成部分的各种传统文化表现形式以及与传统文化表现形式相关的实物和场所。非物

质文化遗产是对中华民族悠久的历史文化的传承，并随着历史变迁持续发展，具有无形性、民族性、地域性、历史性、传承性、活态性等特征。激活非物质文化遗产发展动能具有积极的现实意义和深远的历史意义。

（一）激活非物质文化遗产发展动能的历史传承价值

非物质文化遗产产生于特定的历史环境，在长期的生产劳动、生活实践中积淀了丰厚的文化基因和精神特质，积累了民族的文化精髓，在一定程度上反映了特定历史时期人们的生产生活方式、思想观念和风俗习惯，具有一定的历史传承价值。

（二）激活非物质文化遗产发展动能的文化艺术价值

非物质文化遗产是一个民族的文化的见证者，是一个民族的文化的根和源。非物质文化遗产可以形象展示当时的历史事件，人们的文化艺术创作方式、特点和成就等，对现代文化艺术创作具有积极的启发和借鉴作用。

（三）激活非物质文化遗产发展动能的经济开发价值

丰富的民族文化遗产、传统文化资源使非物质文化遗产成为开发文化旅游业及相关产业的优势所在。非物质文化遗产与旅游业、工业、农业、文化创意产业等的融合发展，可以带来增加就业岗位、促进供给侧结构性改革等经济效应，具有一定的经济开发价值。

二、非物质文化遗产缺乏发展活力的原发性原因

伴随着经济、社会、科技的快速发展，城市化、工业化的进程加快，人们的物质生活、精神生活发生了巨大变化，非物质文化遗产面临着严峻的挑战。导致非物质文化遗产缺乏发展活力的原因分为原发性原因和继发

性原因。原发性原因是指不论是否进行保护，都会产生濒危非物质文化遗产的原因。

（一）生活环境变化带来影响

随着现代生活环境的发展和变化，一些富有民族特色和历史文化价值的传统村落逐渐消亡，突发性、跳跃式的现代化建设也使不少非物质文化遗产失去了生存发展的环境和条件，蕴藏在传统的生活环境中的非物质文化遗产受到冲击。

（二）生态环境变化带来影响

部分非物质文化遗产超出了特定的社区、群体和个人的需求，超出了特定社区和生态环境的承载力，与生态文明之间出现明显矛盾。有些非物质文化遗产需要象牙、犀牛角等野生动物制品或特殊的木材、矿石等原材料，与生态保护的理念相悖，使一些非物质文化遗产的传承面临困境。

（三）生产方式变化带来影响

很多传统技艺没有形成产业化生产销售体系，由于需求减少和便宜实惠的工业制造产品的冲击，工匠带着徒弟手工制造的小生产模式已经无法存在。为降低生产成本、扩大销量与影响力，师徒相传、父死子继的小生产方式在现代社会中极有可能走上规模化、产业化的生产经营模式。同时，需求减少直接导致非物质文化遗产的经济创造力和社会影响力下降，失去了自主传承与发展的动力，这是小项目技艺等非物质文化遗产濒临失传的根本原因。辽西土陶制作是一种实物生产的手工技艺，辽西土陶具有一定的收纳、贮存作用，现早已被木制品、金属制品或塑料制品取代。此外，辽西土陶的花纹、着色、外形等也不符合当下的审美观念，需求殆尽导致土陶技艺的经济效益创造能力几乎为零，凭借土陶技艺获得的经济来源已无法维系生存，经济效益不足降低了技艺传承人的传承意愿。

（四）生活方式变化带来影响

生活方式的变化直接影响非物质文化遗产的存续和传承。人们的衣食住行方式、人际交往方式等逐渐变化，涉及生活方式发生结构性的整体变化，多种文化的交融、共生，也使得人们的生活方式发生变化，深刻影响了非物质文化遗产的发展。维吾尔族人有睡实心土炕的传统习惯，羊毛花毡因保暖隔潮成为优质的铺炕材料，如今，很多维吾尔族人改变了睡炕的习惯，用上了铁床、木床和暖气，使得新型铺床材料快速普及，传统羊毛花毡的制作技艺的生存面临严峻挑战。

（五）时间标准变化带来影响

在传统社会中，人们生活劳作参照的时间标准是依照自然物候的节律及其发出的信号形成的，人们的时间观念与冰雪融化、候鸟迁徙、花开花落等保持同步，没有工作日、周末的概念，只有农忙、农闲的区别，重要的民俗节日和仪式很少被安排在劳作繁重或食物匮乏的时节。一天的劳作结束后，人们可能会安排一些娱乐活动。长达几个月的冬季农闲时段，确保了人们有足够的时间学习非遗技艺。而在现代采用公历和星期制安排工作和休息的当下，许多普通人无法长时间专注于传承非物质文化遗产。

（六）方言加速萎缩带来影响

人口流动速度加快，使来自不同地方的人的接触变得更加频繁。为便于交流，需要人们使用同一种语言，导致方言的使用率越来越低。各地的地方戏、曲艺、民歌、民间故事等非物质文化遗产，往往需要用方言才能演绎出它们独有的魅力。随着说普通话的人越来越多，需要通过方言进行展示的非物质文化遗产逐渐萎缩，不懂方言的人也很难理解和接受。方言的加速萎缩也导致很多需要用方言描述的，当地特有的自然物候的经验认识、医疗方法和各种独有的技艺经验的地方知识正在逐渐消失，即使将这些知识转用普通话表述和文字记录，也仍有很大可能会遗漏关键信息或不能正确、完整地描述。

（七）科学技术发展带来影响

在科技不断发展进步的现况下，人们的思维意识正逐渐与不直接依赖于人的身体的工业生产结合起来，产生的机器刺绣、机器炒茶、电脑数字绘图、医学仪器诊病、电子秤等科技成果被广泛应用于人们的社会生活中，致使那些必须以人的身体作为媒介的行为、技艺、技能等被机器不断取代。同时，科技的发展为信息传播、艺术鉴赏、人际交流提供了高效快捷的方式，形成的直观、形象的视觉、听觉、触觉感受是传统技艺无法比拟的。

（八）娱乐倾向变化带来影响

人们的娱乐倾向已经发生改变，越来越多的人倾向于欣赏互联网上的以电子图片、短视频等为代表的快餐式的艺术形式。传统的曲艺、说唱等艺术形式的非物质文化遗产的受众日渐减少，甚至无人欣赏。很多以非物质文化遗产传承为主的传统产业收入低微、难以为继，衰微速度加剧，例如，太谷秧歌、关中道情等众多表演类的非物质文化遗产项目，面临着年轻人不喜欢、后继无人、艺人及演出团体难以生存等尴尬局面，在高速化、娱乐化的文化经济中缺乏发展优势。

（九）自然灾害带来影响

地震、海啸、洪水、泥石流等自然灾害，会对非物质文化遗产造成损毁。2008年5月12日，四川省汶川发生里氏8级强烈地震，很多民族舞蹈家、音乐家、民间老艺人、民俗研究专家等不幸遇难，震区的文化生态、文化设施、文物及非物质文化遗产等遭受巨大破坏,特别是大面积的山体滑坡掩埋了北川羌族民俗博物馆、北川羌族自治县文化馆、北川羌族自治县禹羌文化研究中心等文化场馆,大量羌族民俗文物、档案资料、研究成果毁于一旦,给羌族非物质文化遗产的传承带来了极大的困难。

三、非物质文化遗产缺乏发展活力的继发性原因

与原发性原因不同,继发性原因是在非物质文化遗产保护实践中产生的次生问题,出现了"文化筛选"和新的"文化阶层化",使部分非物质文化遗产缺乏发展活力,影响了非物质文化遗产的传承。

(一)功利思想导致缺乏发展活力

非物质文化遗产保护工作坚持政府主导、社会参与,其主体是相关的社区、群体和个人。但在实践中,重申报、轻保护的功利思想已经偏离了非物质文化遗产保护传承的主旨,导致作为保护非物质文化遗产主体的相关社区、群体和个人的作用和主动性受到抑制和削弱。非物质文化遗产保护工作的相关方争相申报更高级别的非物质文化遗产代表性项目名录,客观上造成了项目的不平等和优劣差别,使本应处于平等地位的非物质文化遗产项目和代表性传承人被人为地划分出等次,也使非物质文化遗产名录和代表性传承人制度受到质疑。

(二)文化生态失衡导致缺乏发展活力

许多同一种类的非物质文化遗产项目存在一强独大、赢者通吃、品牌逐渐单一化的现象,非物质文化遗产内部的文化生态平衡受到严重破坏。一些非物质文化遗产项目借助现代商业途径和传播手段,获得了很好的发展,但也对同类别的缺乏优势的非物质文化遗产项目的传承发展构成了威

胁。在不同种类的非物质文化遗产项目之间也存在着文化生态失衡的现象，比如一些具有可生产性的保护项目、代表性的表演艺术、趣味性和参与性较强的节庆习俗活动等，受到了更多的关注和更好的保护，得到了更好的传承和发展，而一些口头的、具有一定的地方性的、偏远地区的非物质文化遗产则普遍处于消亡的边缘。

（三）过度开发导致缺乏发展活力

有很多非物质文化遗产传承保护的相关方具有根深蒂固的市场化、产业化发展的观念。这种发展理念注重既得利益，对非物质文化遗产的保护传承构成了很大威胁。在资本的导向下，非物质文化遗产脱离了原属社区、群体和个人，成为一种以物质属性为主的商品或服务，失去了文化遗产的文化价值和精神属性。更有一些非物质文化遗产相关方，只追求利益的最大化，无视传承人的职责，没有把确保非物质文化遗产的存续作为首要任务，导致一些非物质文化遗产项目严重失真或技艺水平严重退化。

（四）原汁原味导致缺乏发展活力

基于保护传统文化内涵与核心价值的非物质文化遗产保护工作宗旨，在保护与传承的过程中，对非物质文化遗产项目独特的形式、技巧、色彩、纹路等个性标签的传承不能为迎合市场需求而轻易改变，否则将使非物质文化遗产项目同质化、大众化、平庸化，传承与保护工作也将变得毫无意义。因此，许多原本就较为小众的非物质文化遗产项目将继续处于鲜为人知的境地，较难吸引社会广泛关注，也较难刺激需求大量增长，传承与保护工作较难实现实质性突破。

（五）后继乏人导致缺乏发展活力

由于无法为传承人带来足以保障传承人正常生活的经济收入，许多非物质文化遗产项目后继乏人，随着现有传承人的逐渐老去，一些非物质文化遗产项目出现了濒危消亡的情况。特别是一些口头传承的民间故事、传说、史诗、歌谣、谚语等，没有文字记载，只是靠传承人的口传心授得以世代流传，若不及时采录和收集，便会出现人亡艺绝、人亡技绝、人亡歌息的憾事。河南灵宝的道情皮影是清代中叶由当地艺人将宣传道教经义的道情戏与皮影相结合而形成的艺术形式，曾流传于陕、晋、豫一带，20世纪80年代中期开始，道情皮影老艺人相继离世，灵宝道情皮影的传承面临困境。

四、保护非物质文化遗产的方式

我国对非物质文化遗产进行保护的方针是"保护为主、抢救第一、合理利用、传承发展"，主要保护方式包括抢救性保护、生产性保护、整体性保护和立法保护等。随着经济、社会、科技等的发展，保护非物质文化遗产的理念、方法也在不断发展、更新。

（一）抢救性保护

抢救性保护是最重要、最主要的非物质文化遗产保护模式。抢救性保护措施主要是通过调查、搜集、整理和研究，以文字、图片、视频等多种数据格式对非物质文化遗产进行存档保护，并通过确定濒危非物质文化遗产项目及其代表作与传承人名录体系，资助扶持代表性传承人、抢救濒危项目。在逐渐加大普查力度的基础上，我国建立了国家、省、市、县四级代表性名录、代表性传承人体系，并兴建了很多非物质文化遗产博物馆，对濒危非物质文化遗产项目和年事已高、年老体弱的传承人开展的抢救性保护，应用科技手段，采取摄像、摄影、文字、图片等方式对其进行记录、整合，并尽可能地搜集实物，以完整、立体、形象地记录非物质文化遗产的生存状态、传播状态。

（二）生产性保护

生产性保护是指在具有生产性质的实践过程中，以保持非物质文化遗产的真实性、整体性和传承性为核心，以有效传承非物质文化遗产为前提，借助生产、流通、销售，将非物质文化遗产及相关资源转化为文化产品的保护方式。当然，不是所有的非物质文化遗产项目都适用于生产性保护，只有具有生产属性、商品属性和市场属性的传统技艺，如民间美术和中医药技艺等，可以划归在生产性保护的范围内。

（三）整体性保护

整体性保护不仅限于单项的非物质文化遗产及与之相关联的条件，也包含了与之构成传承链条的文化、社会、经济、自然环境等因素。整体性保护要求注重文化遗产与其周围环境的依存关系，强调对非物质文化遗产及其所生存的特定环境进行完整保护，如设立文化生态保护实验区等。

（四）立法保护

非物质文化遗产保护要进入法治化的轨道。非物质文化遗产保护工作要遵循《保护非物质文化遗产公约》等国际约束性文件和《中华人民共和国非物质文化遗产法》等国内有关法律法规，有条件的地区也可以结合当地实际推进地方立法保护工作。

五、非物质文化遗产抢救性保护的实践

产生并流传于民间的非物质文化遗产既具有活态传承中的流变性，又具有免疫力弱而容易自生自灭的脆弱性。"抢救第一"是非物质文化遗产保

护工作应长期坚持的理念和方针，由此形成了两种抢救性保护方式，一是调查、搜集、整理、研究，并进行图文资料保存及数字化保护；二是通过确定濒危遗产项目及建立代表作与传承人名录体系、资助扶持代表性传承人、抢救濒危项目等方法，使即将消亡的项目重现出活着的生命形态。抢救性保护能够挽救濒临消亡的非物质文化遗产，并且可以留下丰富、珍贵的文本及数字化历史资料。

（一）抢救性保护非物质文化遗产的起源

抢救性保护非物质文化遗产起源于新文化运动。在科学与民主的旗帜下，中国文化界兴起了搜集、整理、研究民间文学和民俗文化的活动，并成为新文化运动的一个组成部分。

1918年，刘半农提议在全国范围内征集民间歌谣。1920年，北京大学成立歌谣研究会。1922年，《歌谣周刊》出版。胡适、李大钊、鲁迅等新文化运动的主将对歌谣征集活动给予热心支持，李大钊、胡适等积极录寄自己家乡流行的歌谣，鲁迅为《歌谣周刊》纪念增刊绘制封面。刘半农不仅是征集歌谣的首倡者，而且身体力行，于1918年8月搜集了家乡的江阴船歌28首。顾颉刚于1919年在家乡苏州搜集吴歌300余首，后来成为《歌谣周刊》的主要撰稿人。随着歌谣搜集和研究范围的扩大，歌谣研究会由搜集歌谣转向调查和研究民俗，《歌谣周刊》的内容也由对单一的歌谣研究拓展为对民间文艺学、民俗学、语言学、宗教学、历史学等多学科的综合研究。

1923年，北京大学风俗调查会成立。在北京大学搜集歌谣活动和民俗调查的影响下，各地纷纷建立起民俗学会，中山大学民俗学会、厦门大学风俗调查会、杭州民俗学会等相继成立，兴起较大规模的调查、整理、研究民间文学和民俗学的活动，在整理和保存歌谣、神话、传说、民间故事、等民俗资料方面做了大量的工作，出版了一大批有价值的研究成果。中国现代民俗运动的蓬勃开展,对非物质文化遗产的抢救与保护工作,起了积极的促进作用。

(二)新中国成立后取得重要成果

新中国成立后,采取了一系列保护方法和措施抢救、保护中华优秀传统文化。从20世纪50年代起,党和政府就组织民族工作者对各民族的民间文化艺术等进行普遍调查,为抢救和保护少数民族非物质文化遗产做了许多工作。例如,对少数民族世代传唱的英雄史诗的搜集、整理、研究工作,取得了相当好的业绩。著名的少数民族三大英雄史诗:藏族的《格萨尔王》、蒙古族的《江格尔》、柯尔克孜族的《玛纳斯》的抢救保护工作受到党和政府的高度重视,国家成立了专门的领导机构,对史诗流传地区进行普查,对说唱史诗的优秀民间艺人进行录音,并进行唱本的整理、翻译、出版和研究工作。当时在云南做田野工作的学者看到独龙族、怒族、佤族、景颇族、傈僳族等民族中保留和遗存的原始社会文化现象,呼吁用影视手段及时记录,得到政府的批准以及政府在财力、设备和人员上的支持。至1965年,仅对云南的少数民族就拍摄了专题纪录片20余部。此类影片被称为"少数民族社会历史科学纪录片",其所反映的很多少数民族生活方式因当下已消失而显得弥足珍贵。

1950年3月29日,中国民间文艺研究会(1987年改名为中国民间文艺家协会)在北京宣告成立。自此之后,中国民间文艺研究会对我国各民族的民间文学、民间艺术开展过多次大规模的搜集、调查、整理和研究工作。各省、自治区、直辖市也陆续建立了分会。

(三)改革开放以来取得显著成效

20世纪80年代之后,围绕着编撰《中国民族民间十部文艺集成志书》而展开的大规模普查、记录、整理、研究、出版工作,是我国抢救保护非物质文化遗产的重大文化工程，也是运用抢救性保护方式的重要实践。2009年，《中国民族民间十部文艺集成志书》出版，首次将中华民族几千年来散落在民间的无形遗产转变为有形的文化财富。这套文艺集成志书，是按照统一体例进行编撰的，主要包括《中国民间歌曲集成》《中国戏曲音乐集成》《中国民族民间器乐曲集成》《中国曲艺音乐集成》《中国民族民间舞蹈集成》《中国戏曲志》《中国民间故事集成》《中国歌谣集成》《中国谚语集成》《中国曲艺志》。这一宏伟工程有效地抢救和保存了大量珍贵的非物质文化遗产。

2001年3月，冯骥才就任中国民间文艺家协会主席，开始策划、设计全国性的"中国民间文化遗产抢救工程"。2002年2月26日，由冯骥才改定、85位专家签名的《抢救民间文化遗产呼吁书》向社会公布，《文艺报》《文汇报》《光明日报》《中国文化报》等数十家报刊全文刊登或部分摘发，在社会上引起了极大的关注和反响。

2002年两会期间，冯骥才提交了实施中国民间文化遗产抢救工程的提案。不久，该抢救工程被列为国家社科基金特别委托项目，并纳入中国民族民间文化保护工程。中国民间文化遗产抢救工程的内容包括对中国民俗文化和中国民间美术的全面普查，对中国民间叙事长诗、史诗等进行专项调查，及在此基础上对中国民间文化进行系统分类、清理、登记、整理和编纂出版。抢救性普查，抢救性记录，抢救性整理，抢救性登记，抢救性出版。整个工程突出的是"抢救"二字，通过实施各种抢救性保护措施，不仅使大量濒危文化遗产得以及时地记录、整理、保存，更重要的是"它抢救的是中华民族文化的根"。

2003年1月，文化部、财政部等相关单位启动了中国民族民间文化保护工程，文化部授权中国艺术研究院成立了中国民族民间文化保护工程国家中心。该工程由政府组织实施推动，采取一系列切实可行的抢救性保护措施，对珍贵、濒危并具有历史、文化和科学价值的民族民间传统文化进行有效保护，避免"人亡艺绝"和"人间国宝"的消失。

2005年至2009年，文化部领导实施的全国非物质文化遗产普查工作，不仅摸清了各地区、各民族非物质文化遗产的家底，而且认定和抢救了一大批濒危的非物质文化遗产项目，是新世纪我国非物质文化遗产抢救性保护的高潮。之后，我国的非物质文化遗产保护工作不断取得新成果。

六、激活非物质文化遗产发展动能面临的短板

非物质文化遗产重新进入生活是弘扬中华优秀传统文化的重要内容，通过政策法规的引导、各级各类非物质文化遗产展示活动、新闻媒体的宣传报道等，非物质文化遗产重新进入生活已成为社会共识。虽然非物质文化遗产保护工作已取得了明显的成效，但是也存在着短板，需要在今后的传承与保护中补齐。

（一）保护意识有待更新

部分非物质文化遗产传承人观念落后、思想陈旧，对非物质文化遗产保护与传承政策不甚了解，顾虑颇多，不愿将技艺技能发扬光大。现代经济社会发展迅速，非物质文化遗产的历史文化价值在经济利益面前易被忽视，一些非物质文化遗产相关方只看重眼前利益，轻视长远利益，过度开发、破坏文化资源原貌，改变了非物质文化遗产的文化价值。

（二）发展机制有待创新

非物质文化遗产相关的产业多停留在作坊式生产阶段，发展方向狭窄，产品及营销手段单一，缺乏相应的资金、技术、人才支持，不能在保持原有工艺、文化特色的基础上进行运作模式等方面的自主创新，无法形成有效稳定的市场竞争力，发展缓慢。

（三）传统技艺有待创新

部分传统技艺的传承人缺乏创新意识，不能将反映新时代新生活的内容融入非物质文化遗产项目，导致非物质文化遗产与现代元素融合发展程度不高，难以赢得社会大众特别是青年人的喜爱。

（四）传承队伍有待健全

非物质文化遗产以人为载体，口传心授、言传身教，世代相承，延续发展。当下，一些非物质文化遗产项目依然面临着后继乏人至甚后继无人的问题，部分非物质文化遗产传承人的处境艰难，非物质文化遗产传承工作难以为继。

第二节 激活非物质文化遗产发展动能的总体对策

一、激活非物质文化遗产发展动能的原则

在中华文化悠久的发展过程中，产生了众多的非物质文化。随着经济社会的发展、科学技术的进步，很多非物质文化遗产已经濒临灭绝。要根据我国的现实情况，优先对濒危非物质文化遗产进行保护，避免重要非物质文化遗产的消亡。

（一）本真性原则

20世纪60年代，本真性原则第一次被引入遗产保护领域，并逐渐完善。该原则强调的是保护文化遗产时，要保护原生的、本来的、真实的历史原物，要保护文化遗产所遗传的全部历史文化信息。在实际保护工作中，

坚决反对随意篡改、混淆真伪的现象，反对非物质文化遗产制假活动，防止非物质文化遗产失去原有的文化内涵和意义。

（二）整体性原则

整体性原则强调的是一种文化的组成部分并不是零散的，而是一个整体，对文化遗产的保护传承要注重其整体性。非物质文化遗产具有多种多样的艺术形态和文化内涵，在不同的环境中也呈现出不同的状态，形成一种文化的整体表现形态。因此，要开展多方位、多层次的保护，确保其整体性，使其以最完整的形态传递下去。

（三）科学性原则

科学性原则强调的是要正确处理非物质文化遗产的保护与利用的关系，促进经济社会全面、协调、可持续发展。坚持科学性原则，就是要保存、记录非物质文化遗产在不同发展阶段呈现的文化特点。

二、树立科学保护理念

非物质文化遗产保护工作要确立正确的保护理念，纠正对非物质文化遗产的误解，摒弃重申报轻保护的思想，顺应经济、社会、科技的发展趋势，将静态保护与动态保护相结合，加强保护制度的建设，争取社会力量投入，培养非物质文化遗产保护人才。

（一）纠正对非物质文化遗产的误解

长期以来，由于受到多种主客观因素的影响，许多公众对非物质文化遗产存在误解，认为民间艺术和传统技艺落后、与时代不相容，对它们持有鄙夷、排斥的态度，主张"淘汰论"，任其自生自灭。或者认为民间传统艺术必须改造，要与强势文化接轨，要融入西方文化。

非物质文化遗产保护不能以创新发展为名，改变民族传统文化艺术的本质属性和非物质文化遗产应该保有的纯洁性。非物质文化遗产如果失去了独有的特性与特色，就会丧失自身的文化传统。非物质文化遗产保护不仅要使濒危状态的非物质文化遗产能够保存下来，更要设法使其在新时代继续生存下来，并保持一定的生机和活力。

（二）摒弃重申报轻保护的思想

要消除认识盲区，认识到保护非物质文化遗产的重要意义，真心诚意开展传承保护工作，理解、重视、支持传承人的传习活动。对非物质文化遗产要加强保护，而不是申报了事，更不能为了经济利益任意篡改，使之商业化甚至低俗化。在传承保护中，也不能不分类别与形式而实行封闭式的保护，避免对非物质文化遗产的发展造成损害。

（三）静态保护与动态保护相结合

在静态保护方面，非物质文化遗产保护机构和相关人员要协同专业院校、科研单位，以建立非物质文化遗产代表性项目名录的方式，以非物质文化遗产代表性传承人为主体，开展对非物质文化遗产项目的资源、资料的集中记录、出版、保存、整理工作。在动态保护方面，要利用旅游开发、手工艺品生产销售等方法，使非物质文化遗产回归生活，激发非物质文化遗产的内生动力，提高非物质文化遗产传承保护的成效。

（四）加强制度建设

在全球化、工业化、信息化发展的机遇与挑战下，非物质文化遗产保护不能只依靠科技、经济、文化、教育等措施和方法，要按照《中华人民共和国非物质文化遗产法》的要求，在各级已出台的关于非物质文化遗产保护的政策法规的基础上，加强制度建设，为激活非物质文化遗产发展动能提供保障。同时，加强绩效评估和监测体系建设，动态监测代表性项目存续情况、代表性传承人传承情况以及相关部门与机构工作情况，并完善各级项目、传承人"有进有出"的动态管理机制。

我国的非物质文化遗产种类繁多、性质各异，一部法律不可能解决所有问题，需要有与之匹配的实施细则。部分非物质文化遗产的保护工作与国家的法律法规之间存在一定的冲突，未来不仅应当继续加强在非物质文化遗产保护方面的立法，而且要建立好协同沟通机制。

（五）争取社会力量投入

部分濒临消亡的非物质文化遗产项目代表性传承人年事已高或社会活动能力有限，往往成为非物质文化遗产保护链中最需要加以保护的脆弱环节。需要完善社会力量投入机制，争取社会力量的关注和投入，为非物质文化遗产的保护提供人力、物力、财力等方面的保障。

（六）培养非物质文化遗产保护工作人才

非物质文化遗产保护和管理工作人员要紧跟时代步伐，创新文化遗产保护理念，不断强化职业技能和素养。要建立健全责任监督制度，明确各项工作的管理要点和考核标准，促使工作人员强化责任意识，认真履行职责，保障工作质量。同时，要吸引专业人才，有效整合人力资源，培养复合型人才，扩大传承、保护工作团队。

第三节 激活非物质文化遗产发展动能的具体措施

非物质文化遗产是不可再生的文化资源，保护非物质文化遗产不是短期行为，而是一项长期而艰巨的系统工程。激活非遗发展动能，要用与时俱进的发展眼光，采取具有科学性、可操作性的措施，对非物质文化遗产进行创造性转化、创新性发展，从而更好地传承中华优秀传统文化，对坚定文化自信作出积极贡献。

一、构建数字化保护体系

将数字化技术融入非物质文化遗产保护工作中，采取统一标准，利用数字存储、虚拟现实等技术，有效保存非物质文化遗产资源，加大对非物质文化遗产的传播和利用，促进非物质文化遗产管理的科学化、规范化，为后续的开发、利用提供条件。

（一）加强数字化展示

数字化展示突破传统的现场展示中展览的时空及物质条件的限制，为非物质文化遗产跨时空、跨族群的宣传与传播创造了条件，并突破了传统非物质文化遗产实物展示的静态、平面的局限，利用高清晰扫描技术、虚拟3D等数字化技术，实现非物质文化遗产实物展示的动态化、立体化和跨时空传播。同时，数字化展示避免了传统展示与宣传的单向性，可以利用体感、人机交互等技术增强体验效果。随着数字化、多媒体技术的快速发展，非物质文化遗产数字化展示的真实性、现场性、参与性将不断提高，要建立数字化非物质文化遗产展览馆、博物馆、体验馆、网站、微信平台、App等，加强数字化展示、展演、展览，不断提升数字化服务质量。

（二）明确数字化标准

为了便于保存、开发和利用，非物质文化遗产数字化保护要明确数据采集、存储的技术标准。要借鉴数字图书馆建设和广播电视行业的标准规范要求，建立统一的数据采集标准、资源管理和保存服务标准，明确不同数据类型的储存格式标准、数据量标准等。利用数字化技术建立文本检索、语义检索、内容检索等多元化检索方式，并融合多媒体识别技术，构建规范的非物质文化遗产数字资源检索体系。要建立统一的数据库标准，对非物质文化遗产进行合理分类分层分级，详细记录代表性项目和代表性传承人的情况。例如，民间故事"梁山伯与祝英台"在不同的区域流行着不同的版本，对此类非物质文化遗产进行保存时，可采用分层分级的形式加以区分，将其归为一个大类，在一级类别下划分二级类别。

（三）完善知识产权体系

非物质文化遗产存在于民间，没有特定的组织机构，也存在着同一项目有多人共同传承的情况。要进一步完善知识产权体系，在对各类非物质文化遗产的数字资源的分类现状进行研究的基础上，界定不同非物质文化遗产项目的知识产权归属，构建非物质文化遗产数字资源知识产权体系。同时，与项目保护单位、传承人签署知识产权协议，明确知识产权归属，并厘清参加数字资源建设的摄影、摄像、撰稿等人员的知识产权问题。

（四）建立数字化档案

建立数字化非物质文化遗产档案的重点是非物质文化遗产项目的数字化记录、保存。数字化方式具有存储灵活、传播迅速、应用广泛等优势，主要包括：将非物质文化遗产的图片、影像、文字等资料进行数字化存储；将非物质文化遗产实践的场所、工具、过程、产品等进行动态、立体、高清的数字化记录。将这些数字化资料进行分类整理和存储，既可以为在现实中仍有生存基础的非物质文化遗产项目的传承发展提供资料依据，又可以为已经失去存在基础、即将消失的非物质文化遗产项目进行数字化保存。例如，衡水市冀派内画协会联合衡水学院、衡水职业技术学院等高校，用口述历史、原生态记录、制作全程影像的方式，从项目发展、学徒生涯、传统工艺、表现题材、艺术技巧、大师谈艺、艺术反响等七个方面保留衡水市冀派内画的完整影像资料，力求达到根据影像资料可以复原非遗项目的要求。

（五）搭建数字化平台

利用大数据技术，构建以非物质文化遗产为中心的数据资源平台，是非物质文化遗产数字化管理的重要组成部分。要根据非物质文化遗产的文化特征，合理设计数据平台结构，完善其对非物质文化遗产信息进行长期保存、共享的功能，建立较为系统、完备的数据库系统和综合管理平台。可以根据实际用途，构建以普查资源库、项目资源库、专题资源库和公众资源库为重点的平台结构，并结合等级、类别，合理设置访问权限和浏览下载权限，提升资源的利用效率。例如，岭南少数民族非物质文化遗产数据库、淮海地区非物质文化遗产数字资源库、女书文化特色数据库、傩文化资源数据库、客家文化信息资源库等数字化平台都取得了良好的传承保护效果。

（六）建立数字化展馆

数字化非物质文化遗产展馆与非物质文化遗产数字化档案均属于数字化产品，但是，展馆注重的是非物质文化遗产的数字化宣传和多元化呈现，档案注重的是非物质文化遗产的数字化保护。数字化展馆不能局限于数字化体验项目，在门户网站、微信、微博、电视节目、广播节目等上面都可以建立数字化展馆，中国非物质文化遗产数字博物馆等数字化展馆已为非物质文化遗产保护发挥了重要作用。

（七）建立数字化传习所

传统的非物质文化遗产传承和学习以师传徒、父传子的口传心授为主，没有规范的标准可言。非物质文化遗产的数字化传承难度大，在于非物质文化遗产传承内容的丰富和感性，外在的技术、工艺、礼仪等是非物质文化遗产外在展示中较为稳定的部分，而非物质文化遗产的内核是个性而善变的内容，有宗教信仰、生活观念、艺术审美等内在精神追求，需要在切身的感受中得来。可以建立数字化传习所，制定数字化规范和标准，利用影像、旋律、动作捕捉等数字化技术精确表现非物质文化遗产外在的形态，如捕捉传统舞蹈的动作、测量传统音乐的频率等。同时，配合非物质文化遗产传承人的言传身教、口传心授，从而取得良好的传承效果。

二、加强对代表性传承人的培养与保护

传承人作为传承非物质文化遗产的关键，以活着的传统、活着的文化形式生活在民间。代表性传承人的培养对于非物质文化遗产的传承保护和产业开发极为重要，在激活非物质文化遗产发展动能中发挥着关键作用。

（一）加强传承情况调查研究

通过田野普查和现场走访，对非物质文化遗产项目的传承情况进行翔实调研，提出具有针对性的调研分析报告和应对措施建议。同时，创新非物质文化遗产研究和分析手段，建立非物质文化遗产研究和分析数字化模型分析非物质文化遗产的发展趋势。

（二）完善代表性传承人制度

代表性传承人的谱系要具体、清晰，传承人传承情况要有明确的记载。要按照各级代表性传承人评审标准和流程，严把质量关，突出代表性，建

立答辩、展示机制，采取公开、公平、公正的评审方式，分级分类确立代表性传承人，并适当预备后备传承人人选，合理组建传承人体系。明确传承人的权利与义务，加强对代表性传承人的考核，细化、量化传承工作绩效指标，建立奖励、退出机制。同时，探索并完善综合类、集体类代表性传承人认定制度，研究制定掌握传承项目熟练程度的参照标准，扩大传承人参与传承工作与活动的范围，多方面扶持非遗传承人。

（三）联合院校培养传承人

发挥教育部门和单位的主渠道作用，编写本地区的非物质文化遗产传承与保护专业教材，在中小学、高等院校开设非物质文化遗产课程，使传承保护意识渗入学校教育，吸引学生对非物质文化遗产的关注和兴趣。

苏州工艺美术职业技术学院深化课程改革，坚持"文化导入、大师引领、项目贯穿"的理念，与雷山县政府共建非物质文化遗产传承研创中心和教育教学改革实践基地，开办银饰、刺绣高级班，建立大师工作室。非物质文化遗产大师以口传身授的形式教学，学生得以掌握师徒传承的精髓，培养精益求精的工匠精神，大师也能在现代化教学中，感受并学习与时俱进的设计理念与创作方式。这种传承人培养模式为职业教育与非物质文化遗产保护提供了实践平台。

（四）开展宣传展示活动

通过微博、微信、抖音等平台加大对非物质文化遗产保护工作的宣传力度，积极开展非物质文化遗产进校园、非物质文化遗产文化艺术节庆等活动，鼓励图书馆、文化馆、博物馆、档案馆、非物质文化遗产学术研究机构与保护机构以及文艺表演团体、演出场所经营单位等，开展关于非物质文化遗产的整理、研究、宣传、展示活动和学术交流活动，努力营造有利于非物质文化遗产传承保护的社会氛围，激发公众的参与热情。

（五）完善代表性传承人记录工作机制

《国家级非物质文化遗产代表性传承人抢救性记录工作规范》《国家级非物质文化遗产代表性传承人抢救性记录工程操作指南（试行本）》要求对国家级代表性传承人及其所掌握的知识、才艺、技能等进行抢救性记录，采用多媒体等现代信息技术手段，抢救性采集记录传承人口述、项目实践、传承教学等内容，调查搜集与传承人相关的已有资料，并对原始素材进行整理，从而制作文献片（含口述片、项目实践片和传承教学片）和综述片，编撰口述通稿，形成记录档案。

各级非物质文化遗产保护相关部门和单位要按照相关的工作规范与标准，结合当地工作实际，完善各级代表性传承人记录工作机制，逐级开展记录工作，并建立未入选各级代表性传承人（即未入选，但有望入选的非物质文化遗产传承人）档案。要实现一次性采集齐全、精细，抢救性记录、挖掘、整理出原生态的第一手资料。优先考虑具有代表性、濒危性高的非物质文化遗产项目代表性传承人，避免因抢救性保护工作不及时造成非物质文化遗产项目的消亡。

三、加强对代表性项目的扶持与保护

非物质文化遗产传承的内容是"术"与"道"的统一体。"术"是外在的工艺、技术、仪式等，是非物质文化遗产传承中较为共性的稳定的内容；"道"是非物质文化遗产传承中较为个性的变化的内容，是技巧、技能、观念、信仰等。

（一）完善现行代表性名录制度

我国现有的非物质文化遗产项目共分为民间文学、传统音乐、传统舞蹈、传统戏剧、传统体育、传统美术、传统医药等。要根据实际情况增加、调整非物质文化遗产代表性名录的分类,并研究制定分类保护标准。例如,语言既是交际工具,又是思维工具和文化载体,包含着重要的文化内涵,在经济全球化、信息化和现代化的浪潮中,大量富有语言特色和文化内涵的方言正在迅速走向消亡。特定地域的方言、特定行业的特殊语言,不仅是传播非物质文化遗产的媒介,其本身也是非物质文化遗产,但非物质文化遗产的类别中没有语言类非物质文化遗产。

(二)优化非物质文化遗产传承措施

要通过建立实体和数字化非物质文化遗产传习所传承非物质文化遗产。非物质文化遗产传承主要通过口述、身传、心授等方式进行,同时辅助以文字、图像等。应扩大数字化技术在非物质文化遗产传承中的运用,利用数字化技术分析某种舞蹈动作的规律、某种音乐的演唱规律、某种观念的变化规律等,通过再现模拟来培养传承人对这些共性规律的掌握。如戏曲中一些动作的特点,可以通过动作捕捉和数字化分析,掌握其中的规律,以之来培养学生。

(三)建立非物质文化遗产展示博物馆

非物质文化遗产博物馆是民间文化和非物质文化遗产传承人荟萃交流之地,是发展休闲观光旅游、保存乡村记忆之地,也是青少年接受非物质文化遗产教育之地。非物质文化遗产博物馆通过陈列展览、展演等手段,让实物说话,让传承人说话,让历史说话,让文化说话,为公众提供学习、教育和欣赏原生态民俗的平台。展陈中,要运用创新思维将传统文化和现代科技相结合,使陈列布局和观众形成互动,将非物质文化遗产存留的原生态场景、技艺等进行移植与再现,营造具有强烈震撼力和艺术感染力的氛围,启发观众的文化自觉性,让观众在游乐、观赏和参与中全方位了解非物质文化遗产的文化内涵和传统技艺。

（四）加强非物质文化遗产品牌建设

对非物质文化遗产进行开发，加强品牌化发展，有助于弘扬民族传统文化，有利于非物质文化遗产的传承，还可以为保护非物质文化遗产提供资金保证。

安徽省打造地方戏曲系列品牌，坚持以人民为中心的服务导向，培育有利于戏曲活起来、传下去、出精品、出名家的良好环境。实施地方戏曲振兴工程，打造一批思想精深、艺术精湛、制作精良、影响较大的优秀剧目。着眼发展，挖掘潜能，重点做大做强黄梅戏等精品戏曲，改造提升徽剧、庐剧、泗州戏、花鼓灯、贵池傩戏等特色戏曲，打造中国（安庆）黄梅戏艺术节、安徽省艺术节等特色非物质文化遗产品牌。

四、促进非物质文化遗产价值转型

非物质文化遗产的保护以传承为立足点，有人传承，非物质文化遗产才能生生不息。在激活非物质文化遗产发展动能的过程中，要以发展的眼光促进非物质文化遗产的价值转型。

（一）发挥保护与激励政策的积极作用

研究制定并出台保护与激励政策，并发挥已出台政策的积极作用，促进非物质文化遗产的现代化转型，将非物质文化遗产发展与现代产业模式相结合，激发更多人参与非物质文化遗产保护与传承的热情，强化公众的非物质文化遗产保护意识，唤醒公众对传统文化的热爱之情。

（二）创新发展非物质文化遗产

要在创新发展中激发艺术活力，为古老技艺融入现代设计与审美理念，赋予其新的文化内涵，注重非物质文化遗产的生活化、商品化与品牌化，提升公众对优秀传统文化的认同感与自豪感。

一些景区、景点应用 AR、VR 等沉浸式科技手段，配之以短视频、手绘地图等新兴传播手段，使非物质文化遗产大放异彩，获得民众喜爱。例如，杭州工艺美术博物馆与抖音合作推出"非物质文化遗产合伙人"计划，通过流量扶持、提高变现能力、打造非物质文化遗产开放平台及开展城市合作等方式，全方位助力非物质文化遗产传播与发展，培养挖掘年轻一代对非物质文化遗产的好奇心，使他们帮助发掘非物质文化遗产的文化和市场价值。东北二人转进入城市后经济效益十分可观。二人转取得成功的关键就是具有现代理念的编创、传媒宣传、商业营销等专业人才介入二人转的传承传播过程中，为二人转提供了强大的智力支持。随着二人转的兴起，各类培训机构也逐渐兴起，又为二人转提供了优秀表演人才。二人转在当下仍拥有数量较多且表演功夫过硬的实力派演员，他们认真学习二人转积累了几百年的传统精髓，成功地将二人转元素融入小品、影视剧等其他表演中，逐渐形成了成熟的二人转演艺文化产业链。

（三）非物质文化遗产与文化产业结合

保护非物质文化遗产传承的难点在于非物质文化遗产很难走进人们的生活，其传播的主要方式是融入文化产业，为文化产业提供了丰富的创意资源与素材。同时，要传承非物质文化遗产，可以通过商业管理途径和模式促进非物质文化遗产的经济化，合理规划项目开发、预算管理、市场营销、运营管理，通过文化产业展现非物质文化遗产的魅力，打开非物质文化遗产通向现代世界、现代生活的一扇大门，提升保护和传承的效果。

三月三东方朔庙会是山东省德州市陵城区的市级非物质文化遗产。陵城区以丰富的历史文化底蕴为依托，积极打造汉唐文化、节事品牌和生态旅游，赋予东方朔庙会新的内涵，拓展了旅游市场。各类民俗表演、游乐、物资交流等丰富的活动成了东方朔庙会的一大特色。东方朔故里森林公园、源盛泰生态园等旅游主场所的美丽景致和民俗游玩让游客流连忘返。非物质文化遗产作为特色文化产业，对其进行产业化、产品化，既可助力经济发展，又能促进文化遗产保护、文化传承。

960非物质文化遗产文化创意园项目立足河南省开封市古城文化传承与复兴，以产业业态为重要设计导引，对创意园区内现有用地及建筑等资源开展系统、全面的研究、规划、改造设计，依托天然的区位优势和非物质文化遗产资源，实施非物质文化遗产资源活态保护、生产性保护和市场化创新。创新园已打造成以展示和传承省、市乃至全国非物质文化遗产为主，兼具文化产品开发的创意功能区域，成为非物质文化遗产产品的传播与集散地和文化创意产业的发源地。

（四）探索"非物质文化遗产＋扶贫"模式

在依托当地旅游资源的基础上，通过旅游业将当地极富特色的人文历史、地理环境、特色农作物、特色工艺等区域资源进行创意再生，通过地域、产业与非物质文化遗产的多元互动，开拓独具特色的地方资源，打造公共参与的非物质文化遗产空间，发掘深具地方内涵的非物质文化遗产旅游扶贫产业。

湖北省恩施市拥有国家级非物质文化遗产项目4个，省级项目13个，州级项目46个，市级项目91个。在实施脱贫攻坚计划的过程中，恩施市充分发挥非物质文化遗产的力量，走出了因地制宜的"非物质文化遗产＋扶贫"之路。恩施市依托当地的省级非物质文化遗产项目"恩施土家女儿会"，融汇恩施土家族、苗族等少数民族的多种文化元素而新建设的恩施女儿城是当地非物质文化遗产旅游扶贫的典型。女儿城中设立民俗博物馆，每日固定时间展演非物质文化遗产项目，参演者均为非物质文化遗产传承人。女儿城还从周边聘请村民，在城内出售当地特色小食品或艺术品，村民不仅可获得固定工资，还能获得销售提成。恩施女儿城每年游客量达

400万人次，常年聘用附近村民万余人次，成为非物质文化遗产向文化资源、文化资本转化的重要探索。

四川省兴文县借助传统民俗节事活化非物质文化遗产项目。基于苗族人民群众自发传承的传统节日苗族花山节等展示非物质文化遗产。在展演活动中，有贫困人群参与可以使活动获得更多的政府奖励与补助，由此鼓励策展的非物质文化遗产传承人主动优先聘请贫困人群。

（五）合理解决权益保护难题

在非物质文化遗产保护的实践中，不仅要面对原生态与衍生品之争，还要面对在商业环境中的权益保护难题。非物质文化遗产既然称作遗产，是具有产权归属的，但无法界定属于某个文化群体的非物质文化遗产的所有继承人的范围和顺序，而且，当非物质文化遗产通过个人的创新而获得专利化的权益时，群体可能会就权利和利益的分配发生冲突。因此，要合理解决权益保护难题，明确非物质文化遗产的产权归属、继承人范围及权益分配原则等；要建立健全权益协调机制，在面对争议时，能够公正、公平地处理各方诉求，从而为非物质文化遗产的保护与传承营造良好的环境。

（六）推动非物质文化遗产传承与日常生活的衔接

无论社会如何变迁，非物质文化遗产只有渗入人们的日常生活中，才能继续保持生命力，最典型的案例是民间口头文学。非物质文化遗产视角下的民间文学不是指通过文字、影像记录下的内容，而是指仍有人用口头语言讲述的民间文学。现实生活中，绘声绘色讲传说故事的人正在逐渐转变为旅游景区的讲解员、儿童节目的制作者或主持人。山西许多旅游景区组织人员收集整理与景区有关的民间传说，并由讲解员将这些传说融入景区的信息传播和讲解中。介子推、圣母娘娘、赵氏孤儿等传说已成为晋中市绵山、太原市晋祠、阳泉市藏山等旅游景区导游的必讲内容。

将非物质文化遗产传承与公众的休闲生活相结合，可以将各类综合性和民俗类博物馆、公园以及其他适宜的公共文化活动场所作为非物质文化遗产传承场所，鼓励公众将武术、传统艺术表演、手工技艺等非物质文化遗产作为兴趣爱好加以传承。

（七）将非物质文化遗产纳入公共管理体制

很多非物质文化遗产在社会变迁的过程中难以传承，与缺少非物质文化遗产传承保护意识有关。保护非物质文化遗产不能只是文化旅游行政部门的专职工作，也应该是各公共管理部门的常规工作。要站在文化软实力竞争的高度，深刻思考非物质文化遗产传承与社会发展的关系，更新治理理念，将非物质文化遗产传承纳入公共管理体制，保留与非物质文化遗产有关的场所空间，建立、发展并完善与非物质文化遗产有关的公共管理模式和机制。

春节花市是广州最有特色的春节习俗。广州春节花市是在农村、小镇花墟的基础上发展起来的，经历了"花墟—花市—夜花市—除夕花市"的发展过程。随着广州城市建设的不断推进，由花农自主发起的摆摊已不可行，广州市将非物质文化遗产传承与城市文化产业发展、市民生活品质提升、生活空间美化联系起来，由相关职能部门就摆摊地点、布局陈列、花卉价格等进行提前规划和有效管理，从而提升城市的文化氛围。

总之，要深刻理解非物质文化遗产的文化内涵，唤起公众的文化自信和文化自觉，激发公众对中华优秀传统文化的认同感，结合非物质文化遗产发展现状，全方位地激活非物质文化遗产的发展动能，构建起非物质文化遗产传承发展的新的文化空间，使非物质文化遗产重现生机与活力。

参考文献

[1] 彤丽格. 论抢救与保护濒临民族文化 [J]. 内蒙古民族大学学报（社会科学版），2012（4）：19-21.

[2] 李荣启.论非物质文化遗产抢救性保护 [J].中国文化研究,2015(3):9-19.

[3] 李国栋.重拾文化时空中的璀璨遗产:试论新疆少数民族生活方式变迁下的非遗"抢救性保护"[J].伊犁师范学院学报（社会科学版),2015(3):47-49.

[4] 杨立.信息化时代非遗代表性传承人数字化抢救性保护探析 [J].文化艺术研究,2017（2）:36-41.

[5] 孙丽萍.留住根脉:对非遗传承人抢救性保护工作的探析 [J].现代交际,2017（24）:71.

[6] 刘永明.新时代非物质文化遗产保护方法体系论:以生活性、生产性和生态性保护为中心 [J].美与时代（上),2018（4）:7-16.

[7] 徐同磊.新媒体传播视域下的非物质文化遗产数字化保护 [J].美术文献,2018（5）:144-145.

[8] 包涵,岳帅,潘虹.透过辽西土陶濒危失传看非遗小项目传承与保护 [J].边疆经济与文化,2018（8）:73-74.

[9] 刘洋.论我国"非遗"保护的精准管理与施策 [J].广西社会科学,2019（7）:144-148.

[10] 翟姗姗,刘德印,许鑫.抢救性保护视域下的非遗数字资源长期保存 [J].图书馆论坛,2019:9-15.

[11] 高小康.作为国家发展战略的非遗保护:分形传承与公共化 [J].江苏行政学院学报,2020（1）:25-32.

[12] 吴昕昕.非遗保护与产业化开发策略探析:评《新形势下中国非物质文化遗产保护与传承关键性问题研究》[J].中国教育学刊,2022（8）:146.

第六章　打造文化场馆旅游打卡地研究

随着文化和旅游深度融合发展的全新时代的到来，开发旅游新业态、打造旅游吸引物和旅游目的地已成为高质量发展文化旅游业的重要途径。文化馆、图书馆、博物馆、美术馆、纪念馆、剧场、影院、综合文化站、综合文化服务中心等各类文化场馆是重要的文化旅游资源，要不断进行自我形象塑造，更新公众形象，努力打造文化场馆旅游打卡地，为推进文化和旅游融合发展作出积极贡献。

第一节　打造文化场馆旅游打卡地概述

当前，文化和旅游融合发展进入新阶段。随着人们生活水平的不断提高，对精神文化生活的需求日益增长，文旅融合成为满足大众精神文化生活需求的重要趋势。而文化场馆在这一进程中扮演着极为关键的角色。如今，文化场馆数量众多、覆盖面广，具备打造成为旅游打卡地的基础。

一、打造文化场馆旅游打卡地的时代背景

（一）文化和旅游融合发展进入新阶段

按照"宜融则融、能融尽融"的文化和旅游融合发展总体思路，各级

文化和旅游部门、机构推动文化和旅游工作各领域、多方位、全链条深度融合，努力实现资源共享、优势互补、协同并进。在推进文化事业、文化产业和旅游业融合发展的过程中，大力发展全域旅游、乡村旅游、红色旅游、度假休闲旅游等，进一步激发文化和旅游消费潜力。在旅游形式日渐多样化、文化消费日益多元化的今天，作为文化中枢的文化场馆在文化和旅游融合发展方面具有不可替代的作用。

2018年3月，国务院办公厅印发的《关于促进全域旅游发展的指导意见》中要求，"推动旅游与科技、教育、文化、卫生、体育融合发展……科学利用传统村落、文物遗迹及博物馆、纪念馆、美术馆、艺术馆、世界文化遗产、非物质文化遗产展示馆等文化场所开展文化、文物旅游，推动剧场、演艺、游乐、动漫等产业与旅游业融合开展文化体验旅游"。

（二）进一步激发文化和旅游消费潜力

为了进一步激发文化和旅游消费潜力，2016年8月，国务院办公厅印发的《关于进一步激发文化和旅游消费潜力的意见》中指出，"以习近平新时代中国特色社会主义思想为指导，顺应文化和旅游消费提质转型升级新趋势，深化文化和旅游领域供给侧结构性改革，从供需两端发力，不断激发文化和旅游消费潜力。努力使我国文化和旅游消费设施更加完善，消费结构更加合理，消费环境更加优化，文化和旅游产品、服务供给更加丰富。推动全国居民文化和旅游消费规模保持快速增长态势，对经济增长的带动作用持续增强"。

该意见提出"推出消费惠民措施""提高消费便捷程度""提升入境旅游环境""推进消费试点示范""着力丰富产品供给""推动景区提质扩容""发展假日和夜间经济""促进产业融合发展""严格市场监管执法"等9项激发文化和旅游消费潜力的政策举措，并提出"强化政策保障""加强组织领导"等保障措施。

二、打造文化场馆旅游打卡地的重要意义

旅游是文化传承的重要渠道、文化建设的重要动力、文化传播的重要途径、文化形象的重要载体、文化消费的重要形式、文化交流的重要纽带、文化繁荣的重要支撑。文化场馆作为一种旅游业态、旅游资源，是旅游吸引物的重要组成部分，能够提升旅游品位、丰富旅游业态、增强旅游产品吸引力，拓展旅游发展的空间，带给游客良好的文化体验。打造文化场馆旅游打卡地，可以有效吸引游客，促进旅游推广，扩大旅游市场，拉动旅游消费。

（一）打造文化场馆旅游打卡地可以坚定文化自信

习近平总书记指出："文化是一个国家、一个民族的灵魂。"文化自信是对中国特色社会主义文化先进性的自信，是中国特色社会主义现代化建设的重要支柱和精神基因。

文化自信有赖于文化理解，旅游则是促进文化理解的重要方式。文化场馆作为重要的文化阵地，应承担起坚定文化自信的责任，在文化和旅游融合发展的进程中，知常达变、革故鼎新，在挖掘优秀传统文化的同时，创造新时代的优秀文化，借助旅游的公众参与多、传播范围广的优势，通过为群众提供优质文化产品、开展文化传播传承活动，更好地传播中国特色社会主义文化、弘扬社会主义核心价值观，增强国家文化软实力、提升中华文化影响力。

（二）打造文化场馆旅游打卡地可以提升旅游品质

文化需求是旅游活动的重要动因，文化资源是旅游发展的核心资源，文化创意是提升旅游产品质量的重要途径。旅游行业具有非标准化特性，成功模式很难复制，行业运营越来越复杂，游客对旅游品质的要求也越来

越高，这就需要更多特色业态支撑产品吸引力、提升服务品质和文化内涵、丰富游客参与体验。

越来越多的游客把文化场馆作为旅游中的一环，文化场馆已成为旅游的吸引物。将文化场馆打造成地域文化的有形载体，在同质化中找出差异化，打造有力的卖点，调动游客或潜在游客的兴趣，能够为文化旅游行业提供更加灵动、可持续的发展空间，也能够为游客提供更加丰富的服务。

（三）打造文化场馆旅游打卡地可以丰富旅游业态

文化场馆旅游打卡地可以丰富旅游业态，其建设规模可大可小，既可以打造城市地标或一定区域范围内的标志性建筑物，也可以是精巧别致的院落、清新典雅的长廊，还可以是经过改造的集装箱、火车车厢、大巴车厢，甚至可以只是一个或几个房间，建筑、装饰、装修的风格也可以体现古典、现代、文艺等不同的艺术特质和艺术风格，主题更是可以选择各种文化艺术门类。

为了适应人们不断增长的文化旅游需求，"才貌双全"成为未来文化场馆的发展趋势。文化场馆将更加追求高颜值、高品位，更加注重地方特色和审美风格，不但要"好用"，而且要"好看"。

（四）打造文化场馆旅游打卡地可以带来良好体验

荷兰高级工程师、联合国教科文组织顾问 Frans Schouten 关于博物馆旅游者行为的研究对打造文化场馆旅游打卡地具有很强的借鉴价值，他认为，博物馆及遗产管理中关于提高游客满意度最重要的因素就是"愉悦"的供给，并将其归纳为"独特"体验，即不寻常、新奇、有益于增长见识、高质量、理解力、情感。

要加大普查、挖掘文化场馆资源的力度，以文化创意为依托，推动更多资源转化为旅游产品，建设文化主题鲜明、文化要素完善的特色旅游目的地。文化场馆依赖于文化景观、环境氛围等资源要素，能够为当地和游客带来良好的文化体验，多层次满足群众的文化教育、休闲娱乐、消遣放松、审美猎奇等文化旅游需求。

（五）打造文化场馆旅游打卡地可以提高服务效能

打造文化场馆旅游打卡地可以充分发挥文化旅游资源优势，着力解决部分公共文化服务设施"沉睡"的问题，明显提高文化场馆的利用率和服务效能。探索打造文化场馆旅游打卡地的新思路、新途径，可以促进文化旅游供给主体多元化、服务内容多样化，扩大文化旅游产品和服务的受众群体和覆盖面，满足群众对文化旅游服务的优质化要求。

（六）打造文化场馆旅游打卡地可以节约运行成本

文化和旅游融合能够最大限度地利用和节约资源，扩大文化旅游服务覆盖范围，提高渗透度。随着经济社会快速发展，全国各地陆续新建、改建、扩建了一批体现着浓厚文化气息的高标准的文化场馆，成为当地标志性建筑设施，也成为当地居民和游客休闲体验的重要场所。

文化场馆大多是由公共财政投入支持建设、运行的，在满足日常群众文化需求的基础上，加快"旅游产品化"，打造文化场馆旅游打卡地，可以统筹公共服务资源配置，充分利用现有的文化场馆。将社会力量举办的文化场馆打造成为旅游打卡地，可以采用政府引导、以奖代补的方式进行，从而更好地调动社会力量的积极性、主动性。同时，要注意成本控制，在节俭和保证凸显文化内涵的前提下，尽量使用性价比较高的环境艺术效果营造方式和方法。

（七）打造文化场馆旅游打卡地可以促进经济发展

北京大学文化产业研究院副院长陈少峰曾提出，延长旅游产业链既能提高附加价值,又能增加旅游项目衍生品开发的可能性,提高消费水平。文化和旅游融合发展对经济发展具有明显的促进作用,推动文化和旅游融合发展是推动文化旅游行业转型升级、提质增效的重要途径,有助于提升文化旅游业的盈利能力,有助于提振消费。

打造文化场馆旅游打卡地就是文化与旅游业融合发展的具体措施,要发挥旅游的产业化、市场化优势,丰富文化旅游产品的供给方式、供给渠道和供给类型,从而带动文化旅游产业发展,促进经济发展。

第二节 将文化场馆打造成为旅游打卡地的成功案例

打造文化场馆旅游打卡地,完善提升文化场馆的建设、服务和管理水平,促进文化场馆朝着特色化、多样化、差异化的方向发展,既适应了旅游方式多元化、多层次的发展趋势,又满足了游客日益提升的精神文化需求,扩大了文化场馆的知名度、美誉度和影响力。

一、以人文历史为特色的文化场馆成为旅游打卡地

内蒙古自治区赤峰博物馆陈列展示了赤峰地区的红山文化、北方青铜文化、辽金及蒙元文化,喀喇沁旗王府博物馆融历史古建筑、秀丽风光、特色饮食于一体,宁城县辽中京博物馆与辽中京城、著名古建筑辽中京大明塔相结合,这些博物馆都具有明显地方人文历史特征。

重庆市大渡口区整合历史、现代、民俗、产业、宗教等多种类型的文化旅游资源,深入挖掘重钢遗址、建桥工业园、华生园蛋糕工业等景区和百花公园、大渡口森林公园等主题公园以及金鳌寺、石林寺等宗教寺庙的文化旅游吸引力,不仅在横向上加强了与景区、公园、民俗等资源的整合,

还在纵向上深化了与酒店、餐饮、零售、地产等服务行业的资源整合，实现了产业延伸，提升了文化旅游产品的质量。

张裕酒文化博物馆位于山东烟台，隶属于张裕集团有限公司，为国家二级博物馆、国家4A级旅游景区、全国首批工业旅游示范点、中国侨联爱国主义教育基地。该馆以张裕公司百余年的历史为主线，通过大量文物、实物、老照片、名人书画等展示了中国葡萄酒民族工业的发展史，再现了爱国华侨张弼士先生创办并发展中国第一家工业化葡萄酒企业的曲折历程。该馆推出了现场体验型、实地消费型酒类旅游商品以及多种旅游纪念品，并采用差异化的定价策略，通过馆内销售渠道和简洁的促销方式吸引游客、拉动旅游商品的销售。

二、以地质地貌为特色的文化场馆成为旅游打卡地

甘肃省张掖国家地质公园依托冰沟丹霞景区、十里丹霞景观画廊、大炼钢铁遗址、中华裕固风情走廊、康乐草原、河西民俗博览园、七彩镇摄影艺术博物馆、中国工农红军西路军汪家墩战斗遗址等精品景区景点，面向中小学生和大众游客、专业社团和户外运动爱好者、高校地球科学专业师生和科研机构研究人员三大群体，推出了"行走丝路·品读丹霞"科普研学线路、"激情户外·品赏丹霞"徒步拓展线路、"探秘地球·品鉴丹霞"科考研究线路等三条精品旅游线路。

河北省昌黎县碣石国家公园依托碣石文化底蕴和特有的地形地貌、产业特色、田园风光、乡风民俗，遵循"生态修复、文化传承、产业转型、美丽乡村"四个核心，建设了生态公园和国内首座国家公园知识馆，打造了葡萄小镇、诗词小镇、干红小镇，配套智慧旅游指挥中心、碣阳湖精品度假酒店、水岩寺禅修度假酒店、杏树园村花庭农舍民宿群、金士酒庄等项目，形成多业态融合发展的良好态势。

河北省秦皇岛市柳江地学博物馆是融科学性、知识性、观赏性和趣味性为一体的科普教育和地学知识宣教场馆。该馆由地球科学厅、柳江盆地地质遗迹厅、岩矿化石标本厅、秦皇岛国家地质公园景观厅、多媒体报告厅等五个单元组成，依托柳江国家地质公园丰富的地质遗迹，运用图版、视频、模型、仿真场景、实物标本等手段，展示了地球科学、柳江瑰宝、岩矿化石标本、秦皇岛地质风光等内容，揭示了宇宙及太阳系、地球结构、地质作用、生物演化、柳江盆地 25 亿年来海陆变迁的演化历程。

三、以名人效应为特色的文化场馆成为旅游打卡地

鲁迅故里是浙江省绍兴市着力打造的旅游景区之一。隶属于绍兴市文化旅游集团的绍兴鲁迅纪念馆是景区的主体，由鲁迅故居、鲁迅祖居、三味书屋和鲁迅生平事迹陈列厅等组成，是全国重点文物保护单位、全国爱国主义教育基地、国家 5A 级景区、首批"全国研学旅游示范基地"。鲁迅纪念馆在做好文物保护工作的基础上，合理利用博物馆的旅游资源，打造了旅游产品，提升了服务品质。

为纪念桐乡籍历史文化名人、中华书局创始人、近代著名出版家、教育家和思想家陆费逵先生，浙江省桐乡市城市书房以"伯鸿"命名。桐乡市考虑到公共文化服务的便利性，为打造文化景观地标，在风景区、公园、商业核心区合理选址，先后在市区及乌镇、洲泉、河山等中心镇区建设了"伯鸿"城市书房，形成了书中有景、景中寓文的文化和旅游融合的亮丽风景线。

四、以研学教育为特色的文化场馆成为旅游打卡地

山东省文化馆在满足群众日常文化需求的基础上，主动融入文化旅游

线路，加快"旅游产品化"，创新推出"新六艺学堂"项目，吸引游客走进文化馆，体验当地文化。山东省图书馆尼山书院举办的雕版印刷技艺传习工作室通过开展写书法、画国画、拓古碑、印年画等活动，使参与者感受传统文化的魅力。

辽宁朝阳鸟化石国家地质公园以其六个世界之最（年代最早、鸟化石最多、属种最多、密度最大、含鸟化石层最多、未知领域最广）和四项吉尼斯世界纪录（世界最早的花、保存最完整的长羽毛的恐龙化石、最早的新角类恐龙、最早的不会飞的鸟），开发了"探古寻今·奇妙之旅"研学实践活动，策划了适合不同年龄层次的青少年的精彩活动和课程，让孩子们更直观真实地感受远古生物化石的前世今生。

随着人们文化素质、艺术素养的提高，很多具有特色的大学图书馆成为研学之旅的重要打卡地。如互联网上热推的中国最具特色的十座大学图书馆：苏州大学图书馆、广东工业大学图书馆、广西大学图书馆、山东理工大学图书馆、集美大学图书馆、南京大学图书馆、四川大学图书馆、北京大学图书馆、中山大学图书馆、天津工业大学图书馆。

五、以艺术表现为特色的文化场馆成为旅游打卡地

先锋当代艺术中心成立于 2012 年 12 月，坐落于南京中华门明城墙外、秦淮河畔 1865 文化创意产业园内，是南京首家集艺术展馆、画廊、艺术衍生品商店等多功能于一体的综合性艺术空间。1865 文化创意产业园前身是晚清洋务运动时期的著名企业——金陵制造局，为德国包豪斯风格。

北京市朝阳区文化馆坐落于北京 CBD，建筑面积约 1.1 万平方米。该馆采用前卫的管理理念，装饰装修风格前卫新颖，服务项目更加贴近年轻人。馆内展陈了在社区居民、拾荒者手中"抢救"出来的近 6000 件老物件，与社会力量合作在馆里开设了斑马书店。同时，开辟了小剧场"非非

剧场"，每年举办非非演出季，免费为非专业、非商业的戏剧爱好者提供展示的舞台，吸引了众多社区居民和游客前来。

十笏园文化街区是山东潍坊的文化地标，融合历史文化、传统资源、人文气息、地方特色，集结十笏园美术馆、全国书画名家展示馆、于希宁艺术馆、集文斋美术馆等100多家专业美术展馆、美术馆，集成千余米超长展线，构筑成为潍坊乃至山东书画艺术整合能力最强、品牌影响力最大、产业链最丰富的艺术产业综合体。

依托"雾漫小东江"摄影创作基地兴建的东江湖摄影艺术馆、"雾漫小东江"摄影主题公园坐落在湖南省资兴市东江湾"三湘四水·东江湖"文化旅游街，紧临讲述湖湘文化的资兴市人文潇湘馆，每年开展各类艺术活动，吸引了众多市民和游客前来参观、欣赏。

六、以网络营销为特色的文化场馆成为旅游打卡地

故宫博物院采用符合群众文化旅游需求的营销理念和手段，数次登上网络热搜榜，是当之无愧的网红，为打造文化场馆旅游打卡地提供了重要参考。央视热播纪录片《我在故宫修文物》收视率极高。央视与故宫博物院等九家国家级重点博物馆联袂制作的《国家宝藏》，在展览品质、展陈内容、多媒体运用、观众互动体验等方面取得创新成果，实现了高品质文化与时尚文化的紧密结合。故宫博物院积极探索文创产品研发和营销，并形成了规范的网络销售体系，成为优秀传统文化进行网络营销的典范。

七、以民俗为特色的文化场馆成为旅游打卡地

民俗文化是独具特色的重要旅游资源。渤海大学建设的中国北方萨满剪纸艺术馆，分为"远古回声""陈风遗韵""寒土神姿""民族情愫""传

承天地"五大版块,以民俗剪纸艺术为载体,采用原始表现手法,展示不同时期、不同地域、不同民族、不同风格的优秀文化作品,提供了挖掘、保护、传承、开发萨满文化的平台。

河北曲阳雕刻艺术历经 2000 多年而不衰,已成为我国石雕行业的重要分支。曲阳雕刻广场和集生产、贸易、旅游、展览为一体的东方雕刻城以及保存了北魏至明清时期的 2000 多件古雕刻、代表曲阳石雕缩影的千年古刹北岳庙被列为石雕旅游路线的参观点。曲阳定期举办雕刻展销会、雕刻大讲坛、雕刻大奖赛等雕刻艺术推介活动,使民俗文化与旅游互动发展。

第三节 打造文化场馆旅游打卡地的实施路径

打造文化场馆旅游打卡地要深入挖掘中华优秀传统文化资源、优质旅游资源和地域特色文化资源,突出特色和个性,实现优势互补、协同共进。同时,要与现代人的精神情感同频共振,考虑当地居民和游客的感受,讲好故事、谋好项目、做好服务,更好地满足人民对美好生活的新期待。

一、提高重视程度

(一)确立宏观思维

随着生活水平的提高,人民对精神文化生活的需求日益增长,对幸福感的追求日益增加,旅游、文化、体育、健康、养老已成为"五大幸福产业"。从自然风光游到文化游,从浅层的"到此一游"到深度的文化体验,是文化丰富了旅游的内容,也是文化提高了旅游内容的文化附加值和旅游品质。深入挖掘文化场馆资源,提供丰富的文化旅游体验产品,是文化旅游业向专业、精品、特色、创新方向发展的必由之路,也是文化和旅游深度融合的必然。

（二）转变思想观念

要充分认识打造文化场馆旅游打卡地的重要意义和文化场馆的旅游价值，由浅入深、由点及面地转变思想观念，用开放的视野不断更新、创新文化旅游工作理念、思维。

（三）加强调查研究

打造文化场馆旅游打卡地要做好对当地现有文化场馆情况的调查，面向文化旅游相关机构、团队、研究人员和资深从业人员，开展文化场馆旅游打卡地的调查研究，并大量收集、整理、分析文化场馆旅游打卡地的成功、失败案例，摸清行业发展底数，了解群众文化旅游需求，掌握行业发展的困难和未来发展趋势。

（四）加强学术交流

目前，打造文化场馆旅游打卡地没有一套固定的模式。要放眼国内外，关注文旅行业的最前沿发展现状，不断总结经验、汲取教训，提出具有较强可操作性的、促进文化旅游行业良性发展的具体举措。理论研究应当具有前瞻性、开放性、包容性，容纳不同的立场、观点和方法。相关机构、团队和专业人员应加强交流联系，聚焦行业发展的热点、难点，根据现实情况，为实践提供理论支撑。

（五）健全服务队伍

打造文化场馆旅游打卡地的核心是人，需要具有融合战略理念、跨行业驾驭能力、实际工作能力的人才队伍。当面对多样的、不确定的、不断变化的文化旅游需求时，高素质人才可以跳跃性思考、整合跨领域信息，激发出创新力和活力。要通过多层次、多渠道的培训和教育，采取灵活、实用的考核办法，提升现有人员队伍的素质和能力，并大胆引进具有跨界视域和较强学习能力的人才。同时，鼓励院校和培训机构开设专业课程，因地制宜地开展人才培育工作。

二、完善制度设计

（一）坚持惠民性质

文化场馆旅游打卡地的产权归属可以多种所有制形式并存，可以国有资本建设为引导，吸引社会力量参与建设特色图书馆。公共财政投入的文化场馆实行免费开放。鼓励社会力量和商业机构投资建设的文化场馆面向市民和游客免费开放，收费服务也尽量体现惠民性质。

（二）畅通投入渠道

公共财政对国有文化场馆旅游打卡地的建设、管理、维护以及开展公共服务所必需的经费给予支持，并形成常态化投入机制。通过提供指导、供给资源、引入项目、采购服务等方式，吸引、引导社会力量参与文化场馆旅游打卡地的建设与管理。

（三）制定发展规划

以促进文化旅游业转型升级、提质增效为目标，将打造文化场馆旅游打卡地纳入经济社会发展、城市建设、文化发展、全域旅游等全局性规划，并制定、出台专门的规划或实施方案，推动文化旅游融合发展。

（四）建立工作机制

打造文化场馆旅游打卡地的关键是具有适宜行业发展的工作机制。从经济学角度看，旅游产品与其他产品一样，都是由价格竞争发展为品质竞争，最后成为文化竞争。要以"创新、协调、绿色、开放、共享"的发展理念为指导，结合国家全域旅游示范区、旅游度假区等建设工作，提高对打造文化场馆旅游打卡地工作重要性的认识，建立工作机制，形成政府各部门和社会各界协同推进的良好态势。

（五）完善运营模式

由文化场馆的权属单位负责日常管理、维护工作。按照属地管理原则，将文化场馆旅游打卡地纳入当地文化旅游行政部门管理。可以将条件适宜的文化场馆旅游打卡地发展成为公共图书馆、文化馆（群众艺术馆）的分馆，由总馆对其进行业务指导和日常管理，还可以采取社会化运营或者志愿者组织运营等模式。

三、提升建设品质

（一）优化区域布局

配合"景区、乡村、小镇、城市"四位一体全域旅游布局，在景区、特色小镇、美丽乡村等处随形就势布局，以新建、改建或扩建的方式打造文化场馆旅游打卡地。可以将具有历史感的建筑改造成为文化场馆旅游打卡地，如上海美术馆沿用了康乐酒家与跑马总会的旧址，武汉403国际艺术中心由原武汉锅炉厂编号为403的双层车间的工业遗址改造而成，这样建成的文化场馆更具历史感，还能增加文化气息。

（二）优化空间布局

空间是文化场馆的重要资源。优化空间布局是打造文化场馆旅游打卡地的重要环节，要体现亲民、舒适、开放、生态、文化、艺术等特色，构建主题文化空间、多功能体验空间、可调整动态空间。在考虑传统服务功能的基础上，充分利用各种资源，设置展览、讲演、视听、培训、商店、书店、快餐、超市等服务场所。功能结构综合布局，增加商业、艺术和生活元素，以有效调节文化场馆的气氛。

（三）挖掘地域文化

打造文化场馆旅游打卡地要精准定位文化特色，深入挖掘自然、地理、人文、历史、名人、民族、民俗等地域文化和当地文化旅游资源的研究成果。文化场馆旅游打卡地不但可以展陈与之相关的专题文献资料，也可以展陈工艺品、照片、画报、手稿、书画作品、生活物品、民俗物品等实物，充分展示当地特色文化内涵。

（四）彰显个性文化

文化场馆旅游打卡地的建筑、设施、环境要避免同质化，符合大众的审美，特别是要融入传统文化元素、现代艺术元素，体现个性化，彰显独特的文化魅力。另外，人文氛围的营造也是文化品位的彰显，可以根据场馆特色播放背景音乐，围绕某一主题布置展线、展陈，服务人员可身着特色服饰。

（五）打造文旅地标

围绕当地历史文化或城市发展新理念，把文化场馆设计成具有视觉震撼效果的现代建筑，使之成为城市新地标。将具有历史价值的文化场馆或复古建设的文化场馆打造为旅游打卡地时，要注重挖掘场馆的历史，全面或部分保留、还原旧时原貌，增添年代感的文化元素，并添加文化旅游场馆的功能，既要在外观上保持原有建筑的特色，又要使其具备现代文化场馆的功能布局。

（六）应用现代技术

文化场馆旅游打卡地的设施设备要符合公共文化旅游服务设施建设的标准，并应用现代技术。要将 VR、AR 等现代科技手段融入场馆建设和服务中。如重庆红岩革命历史博物馆的"千秋红岩——中共中央南方局历史陈列"数字体验厅采用了双曲三维穹幕技术，通过互动投影、AR、VR 等先进技术，呈现出 3D 影片《愈炸愈强》等内容，优化了游客的互动体验。

（七）增强互动体验

文化场馆旅游打卡地要根据自身特色，常态化开展展示、展演、DIY 等互动体验活动，引入活字印刷、古法造纸、年画印制等易于参与的传统文化体验项目和当地特色的文化体验项目，实现"动静结合"，增强融入感。同时，可以举办奇妙夜、音乐会、戏剧表演、家庭活动等灵活多样的专场活动，增强文化场馆的休闲与娱乐功能。

（八）开发创意产品

文化场馆旅游打卡地开发文化创意产品可以引入市场化经营，与品牌公司、设计公司、生产制造公司合作，将文化场馆旅游打卡地打造成文化创意链的综合发展平台，更好地创造经济与社会效益。

四、吸引社会力量参与

（一）了解行业需求

深入调研、了解社会力量参与打造文化场馆旅游打卡地的目的和需求。围绕吃、住、行、游、购、娱等各环节，将为游客提供文化旅游服务作为出发点和落脚点，最大限度地释放文化场馆的馆藏资源、人力资源，根据行业发展的需要、社会力量的需求和文化场馆的实际情况，制定相应的实施方案和具体举措。

（二）提供信息服务

文化场馆要发挥自身资源优势，挖掘本地文化元素，为旅游业提供信息服务。图书馆保存了大量地方志、家谱、古籍、旧报纸、手札、历史图片、历史地图等资源，博物馆保存了文物等资源，文化馆保存了非物质文化遗产、地方文艺等资源，记载、反映了当地的自然、地理资源情况和著名人物、民风民俗、民间传说、历史典故、景区介绍等，具有重要的研究价值。文化场馆要在妥善保存的前提下，开放、开发这些文化资源，丰富文化内涵，帮助旅游行业形成差异化的文化旅游线路和产品。

（三）投入公共资源

公共文化旅游机构可以根据打造文化场馆旅游打卡地的实际需求，在不改变资产权属、妥善管理、保证公益性的前提下，探索多方合作机制，采取直接提供或委托授权等模式，为社会力量兴办文化场馆旅游打卡地提供藏书、藏品、设施、设备、数据等文化旅游资源，提高旅游打卡地的服务能力和水平。

（四）吸引特色项目

有很多企业或机构面向未成年人开展手工制作、科普互动、素质教育等活动。文化场馆旅游打卡地可以采取提供活动场地、代销产品、扩大宣传等方式，吸引这些企业或机构在文化场馆投入项目。

（五）加强业务指导

文化旅游行政部门要摸清辖区内社会力量参与文化场馆旅游打卡地的

建设、管理、服务、运营等情况，向社会力量征求意见和建议，并提供政策咨询、业务指导等服务。

（六）采购公共服务

文化旅游行政部门和单位可以采取政府采购公共服务的方式，采购文化场馆旅游打卡地开展的公益性质的展览、展示、讲座、培训、演出、赛事等公共文化旅游服务，对社会力量参与打造文化场馆打卡地建设、助推文化旅游行业发展给予引导和扶持。

（七）搭建合作平台

文化场馆具有文化旅游资源优势，旅游企业、旅游机构拥有客源和市场营销优势。双方要积极开展合作，共同搭建合作平台，实现资源整合、优势互补、互惠互利。通过开展合作，既能够提高文化场馆的服务效能，又能够为旅游企业、旅游机构带来良好效益，更重要的是通过合作可以提高文化旅游服务品质，为游客提供优质文化旅游服务，满足游客个性化需求，提高游客满意度。

五、加强宣传推介

（一）强化市场营销

文化场馆旅游打卡地作为文化旅游产业链和旅游线路的一环，要树立以游客为中心的发展理念，重视市场营销，积极与旅游行业合作，丰富市场营销措施，开展有针对性的市场营销活动。要充分利用智慧旅游平台、旅游企业线上平台、电商平台和手机 App、微信小程序等整合门票预订、线路导览、讲解服务、文创产品销售等功能，实现线上线下互为补充，为游客提供优质、便捷和舒适的服务。

（二）加强媒体外宣

要与新闻媒体保持密切联系，结合社会各界和媒体关注的重点、热点，开展专题宣传活动。同时，抓住重要节庆日、旅游旺季等时间节点，开展文化场馆旅游打卡地的宣传活动。在适当的时机，也可以独立或联合开展专题宣传活动，广泛吸引各级各类新闻媒体的关注，扩大文化场馆旅游打卡地的知名度和美誉度。

（三）加强网络宣传

文化场馆旅游打卡地要适应社会发展和科技进步给人们生活方式带来的变化，从城市形象塑造、推广的角度，制作多媒体外宣品，并不断提升外宣品的品质。通过网络媒体、社交平台等新兴媒介，采取直播、推文等网络宣传方式，广泛传播文化场馆旅游打卡地的动态信息，扩大知名度和热度，吸引社会各界的关注。

（四）参加推介活动

文化旅游行政部门和机构要策划、包装文化场馆旅游打卡地旅游景点、旅游线路，积极搭建推介媒介，举办文化旅游促销、展销、推介活动，并组织文化场馆旅游打卡地参加各类文化旅游展会，推介文化场馆旅游打卡地资源和路线。

（五）打造旅游路线

文化场馆旅游打卡地要根据旅游企业、旅游机构的实际需求情况和游客的文化旅游需求情况，变"等客来"为"请客来"，及时调整服务项目、内容和方式，开发以地域文化、人文历史、名人效应、研学教育等为特色的文化场馆旅游打卡地旅游路线。同时，与非文化旅游资源进行组合包装，形成多功能的旅游线路；与周边景区、旅游餐饮企业、旅游物流企业合作，形成完整的旅游线路。

（六）开展文旅活动

要深度挖掘当地的文化内涵，增强文化活动的延展性，开展音乐、舞蹈、美术等方面的多种多样的文化旅游休闲娱乐活动，扩大传统文化活动的范围，创新组织春节、端午、中秋等传统节日的文化旅游活动，吸引市民和游客参与，实现文化旅游的全景化、高品质、全覆盖。

（七）打造特色品牌

打造文化场馆旅游打卡地要循序渐进、扎实推进，建设、管理与服务并重，逐渐形成文化旅游品牌，为满足不同群体的文化旅游需求、发展全域旅游作出积极贡献，使更多群体共享文化旅游融合发展的成果，实现文化场馆旅游打卡地的可持续发展。

参考文献

[1] 张朝枝，伍娟.民办博物馆旅游产业化及其功能属性演变：四川建川博物馆聚落案例研究 [J].旅游论坛，2014（1）：11-16.

[2] 王晓.南京民营美术馆现状报告 [D].南京：南京师范大学，2015.

[3] 刘延山.非物质文化遗产保护的艺术馆建设实践：以渤海大学北方萨满剪纸艺术馆为例 [J].重庆科技学院学报（社会科学版），2016（3）：84-87.

[4] 李晶，纪卫宁.博物馆旅游商品营销策略研究：以张裕酒文化博物馆为例 [J].青岛农业大学学报（社会科学版），2017（3）：54-58.

[5] 庄亚东.文旅融合背景下城市书房建设探索：以桐乡市伯鸿城市书房为例 [J].文化产业，2018（11）：27-28.

[6] 王世伟.关于公共图书馆文旅深度融合的思考 [J].图书馆，2019（2）：1-6.

[7] 单红波. 公共图书馆与旅游融合的模式与路径研究 [J]. 图书与情报，2019（3）：136-139.

[8] 余应木. 基于文旅融合下基层文化馆文化服务探索 [J]. 民族音乐，2019（4）：58-59.

[9] 金龙. 文旅融合背景下公共图书馆研学旅游服务创新策略 [J]. 图书馆工作与研究，2019（5）：123-128.

[10] 杨娜. 公共图书馆在文旅融合时代的使命与创新 [J]. 人文天下，2019（6）：65-68.

[11] 张洋，倪书一，张跃. 对建设特色图书馆助力全域旅游的几点思考 [J]. 传播力研究，2018（7）：251-253.

[12] 金铁龙. 文旅融合背景下公共图书馆中小学生研学服务探索 [J]. 图书馆，2019（8）：95-98.

[13] 梁继超. 浅谈文化和旅游融合背景下广西博物馆旅游的转型升级之路 [J]. 市场论坛，2019（9）：1-6，29.

[14] 王慧聪. 论文化馆在文化旅游融合发展中的作用：以山东省文化馆系统为例 [J]. 人文天下，2019（10）：11-13.

[15] 陈庆荣. 文旅融合视角下的博物馆公共服务提升研究：以天长市博物馆为例 [J]. 文物鉴定与鉴赏，2019（11）：114-116.

[16] 韩文甲. 文旅融合时代公共图书馆服务路径探索 [J]. 图书馆建设，2019（S1）：152-155.

[17] 杨娜. 关于博物馆旅游资源开发的几点思考 [J]. 记者摇篮，2020（2）：32-34.

第七章　文化旅游融合发展推进乡村振兴研究

2020年5月,十三届全国人大三次会议表决通过的《关于2019年国民经济和社会发展计划执行情况与2020年国民经济和社会发展计划草案的报告》中提出,要培育一批乡村旅游重点村,创新发展具有民族和地域特色的乡村休闲旅游业、手工业等特色产业,加快发展乡村新型服务业,做大做强农业品牌。文化旅游融合发展可以挖掘乡村优质文化旅游资源,繁荣文化旅游业,有利于推动乡村的转型升级和创新发展、提高群众的物质和精神生活品质,是实施乡村振兴战略的重要组成部分。

第一节　文化旅游融合发展推进乡村振兴的背景分析

当前,文化旅游融合发展对乡村振兴具有显著的带动效应,为统筹城乡发展、建设美丽乡村提供了新的思路,也为乡村旅游转型升级指明了方向,已成为乡村振兴的有效路径。

一、文化旅游融合发展的内涵

文化旅游融合是指文化、旅游产业及相关要素之间相互渗透、交叉汇合重组，逐步突破原有的产业边界或要素领域，彼此交融而形成新的共生体的现象与过程。文化与旅游之间有着天然的内在联系，文化是旅游的灵魂，旅游是文化的重要载体。从旅游行业发展的一般规律和实际要求来看，文化与旅游必须走深度融合发展之路，通过融合发展丰富供给，增强文化旅游产品的文化内涵和文化品质，促进文化旅游行业的良性竞争和内涵式发展。

在文化旅游融合发展的过程中，要通过文化资源和文化创意增强旅游产业的附加价值和竞争力。以文融旅，形成品牌效应，丰富和提升文化旅游的外在形象，推动文化旅游成为最鲜明的地域标识。以旅载文，形成经济效益，通过旅游承载和体现文化，实现文化资源的经济价值，构建新兴产业发展链条，包装形成游客喜闻乐见的文化旅游产品。

二、乡村振兴的内涵

2017年10月，党的十九大报告首次提出乡村振兴战略，并指出，农业农村农民问题是关系国计民生的根本性问题，必须始终把解决好"三农"问题作为全党工作的重中之重，实施乡村振兴战略。党的十九大报告明确将实施乡村振兴战略列为决胜全面建成小康社会、全面建设社会主义现代化强国需要坚定贯彻实施的七大战略之一。党的二十大报告将全面推进乡村振兴纳入构建新发展格局的整体框架中。

乡村振兴战略坚持农业农村优先发展，按照产业兴旺、生态宜居、乡风文明、治理有效、生活富裕的总要求，建立健全城乡融合发展体制机制和政策体系，统筹推进农村经济建设、政治建设、文化建设、社会建设、生态文明建设和党的建设，加快推进乡村治理体系和治理能力现代化，加快推进农业农村现代化，走中国特色社会主义乡村振兴道路，让农业成为有奔头的产业，让农民成为有吸引力的职业，让农村成为安居乐业的美丽家园。

三、文化旅游融合发展与乡村振兴的内在联系

随着物质生活的日益丰富，人们对精神生活的要求也日益提高。中国乡村携带着中华文明的基因，有文化、有历史、有独特的生活方式，我国农村自然资源丰富，风光优美，同时，有很多独特的人文历史文化，这些都是优质的文化旅游资源。这些文化资源与乡村产业振兴和文化振兴相结合，走文化旅游产业融合发展的道路，对增加农民收入，加快农业农村产业转型具有重要的战略意义。

文化旅游融合发展对乡村振兴具有显著的带动效应，同时乡村振兴也是经济转型发展的动力，由文化旅游引导的乡村发展为统筹城乡一体化建设提供了新的发展思路，也是建设美丽乡村、满足广大农民美好生活需要的重要途径。乡村社会蕴藏着中国社会历史发展进程中创造的丰富的物质与精神积累，是中华文化的重要组成部分，也是中华优秀传统文化的土壤与根基。乡村振兴战略的实施为文化旅游融合发展带来重大机遇，有助于缩小城乡差距、推进城乡文化旅游发展深度融合。同时，文化旅游融合发展对于提升农业农村发展质量、落实乡村振兴和新型城镇化战略也具有重要意义。

四、文化旅游融合发展推进乡村振兴的现实意义

文化旅游的融合发展已成为"五位一体"总体布局的重要组成部分，是乡村振兴战略中"五个振兴"的重要表现和具体实践，促进了乡村各项事业的建设，对塑造社会主义新农村新形象、弘扬乡村新风尚、提高村民幸福感具有重要的推动作用。

（一）有效提高当地居民的生活水平和幸福感

文化和旅游作为"五大幸福产业"的重要组成部分、促进产业转型升级和推动新旧动能转换的重要领域，是实施"乡村振兴""生态文明""精准扶贫"和"两山理论"的重要抓手，已经成为衡量人民群众生活质量的重要指标。发展乡村文化旅游可以吸引当地居民参与文化旅游经济发展活动，有利于提升居民素质，增加居民收入，改善居民生产生活环境，提高居民的生活质量和幸福感、获得感、自豪感和安全感。

（二）有效拓展和延伸乡村产业链

文化旅游业与农业的融合，催生出"农业综合体""创意农业""会展农业"等新业态、新模式，对于打造和提升传统农业，拓展和延伸二、三产业，使一、二、三产业相互关联、形成链条、融合发展具有重要推动作用。文化旅游业具有门槛低、精度高、效果好、返贫率低等优势和特点。同时，乡村旅游的"农家乐"践行"吃农家饭、住农家屋、干农家活、享农家乐"的发展之路，提供了众多的就业机会。

（三）有效推动乡村供给侧结构性改革

作为拉动国民经济快速发展的"绿色产业""朝阳产业"，文化旅游业成为争相扶持和大力发展的产业领域。众多地区将文化旅游业作为当地的主导产业、先导产业、战略性支柱产业进行定位和发展，逐渐实现乡村地区从"砍树经济"转变为"看树经济"，从"煤都"转变为"美都""魅都"，实现了新旧动能的转换和产业升级。

（四）有助于保护和传承地方特色文化

旅游活动是一种文化交流活动，游客通过旅游对目的地的文化有了更深入的了解，也实现了旅游目的地与客源地的文化交流。通过接待旅游者，旅游目的地的居民、企业和机构获得经济利益，并且增强对目的地文化的认同感和自豪感。结合当地特色和代表性的传统文化、民风民俗进行旅游开发能够促进当地对传统文化的保护与传承。

（五）有利于深入挖掘乡村文化旅游资源

我国乡村地区地域类型多样，文旅资源丰富，拥有一大批"国家级传统村落""特色旅游景观名村""少数民族特色村寨""全国生态文化村""全国休闲农业和农村旅游示范村"等，涌现出众多热门乡村旅游目的地，推动乡村旅游快速发展。结合乡村振兴战略的时代背景和要求，不断完善基础设施建设，对文化资源和旅游资源进行优化整合，可以彰显当地文化资源和旅游资源的特色和优势，推动旅游业的发展。

五、文化旅游融合发展推进乡村振兴的主要模式

文化旅游融合发展要注重文化内涵和旅游体验，采取延展型、创新型、主推型等模式，提升服务质量，增强竞争力，从而有效推进乡村振兴。

（一）延展型发展模式

延展型发展模式是指文化旅游业在乡村区域通过文化、旅游的价值链相互延展、相互作用，实现产业融合。文化产业可以向乡村旅游延伸，将文化资源的价值具体化，并丰富乡村旅游景点的内涵，借助旅游功能弘扬优秀传统文化。

（二）创新型发展模式

创新型发展模式是指拆解原有的文化旅游产品，保留产品的核心价值，再将原本各自独立的产品和服务通过核心产品价值关联重组，形成新

的产品。

（三）主推型发展模式

主推型发展模式是指深挖民俗文化、农耕文化、非物质文化遗产文化、传统手工技艺、曲艺以及特色民间艺术活动等的文化内涵，开发、打造文化旅游精品，带动乡村文化旅游的发展。

六、文化旅游融合发展推进乡村振兴的重点和难点

作为促进产业转型升级和推动新旧动能转换的重要领域，文化旅游融合发展推动乡村振兴已经融入人们的日常休闲生活、渗入经济社会发展全局。面对经济、社会、科技的不断发展，文化旅游融合发展推动乡村振兴的机遇与挑战并存。

（一）思想观念需要改变

影响乡村文化旅游业发展的根本在于人的思想观念。受到认知、环境等的限制，部分村民依赖思想严重，没有充分认识到发展乡村文化旅游业的益处。部分村民没有认识到文化旅游产业的投资回报周期较长，只考虑眼前利益，不能结合当地的资源禀赋、文化特色、市场需求综合考虑乡村文化旅游业的未来发展。同时，部分村民缺乏对乡土文化的自信心和自豪感，导致乡村空心化、产业同质化、文化商业化等问题。

（二）专业人才需要培养

文旅融合发展，离不开优秀人才队伍支撑。部分乡村严重"空心化"，乡村优秀青年流失，导致许多乡村缺乏自我建设的主体。受到工作环境、薪酬待遇、发展前景等因素制约，乡村对优秀人才的吸引不足，难以引进

优秀的、综合素质高的专业人才。

（三）整体规划需要改进

为推动文旅融合发展，更好开展乡村建设工作，要把握乡村振兴战略带来的机遇，注重开展调查研究，按照《村庄和集镇规划建设管理条例》《村镇规划编制办法》《村镇规划标准》等，在充分了解当地的文化和旅游资源的基础上，制定科学的规划。完成规划后，要考核规划执行情况，避免乡村建设粗放冒进、根基不稳、后发力量不足。

（四）产业发展需要融合

部分乡村文化旅游业产品同质化、管理粗放、结构单一、服务水平低，导致产品业态和功能结构单一，缺乏特色化、多元化、个性化、高端化、互动性强的产品业态，未能实现内涵式高质量发展，没有形成一、二、三产的产业联动的产业链条，文化旅游业的价值链未能有效增值。

（五）保障措施需要加强

可以制定、出台文化旅游融合发展推进乡村振兴的保障措施，增加资源投入，吸引社会力量参与，充分发挥政策、资金等的支持、保障作用，加强对文化旅游资源的保护和利用，有效推动文旅融合。

（六）地域特色需要强化

很多城里人出于对乡村文化的追寻来到乡村，但是他们更多地感受到的却是商业气息，而并非乡村气息。许多乡村旅游的模式基本相似，缺少与众不同的文化内涵。要充分挖掘文化和旅游资源，彰显地域特色，避免乡村旅游产品同质化。

（七）乡村文化旅游资源需要深度融合

乡村地区极为丰富的民俗文化、建筑文化、美食文化、非物质文化遗产、语言文化、红色文化等能够转化为可消费的旅游产品。要找准乡村文化旅游融合发展最佳连接点和融合点，选择适应的媒介，唤醒"沉睡"的乡村资源，避免文化旅游融合发展简单堆砌、表面整合、机械叠加的现象。

（八）乡村文化展示与传递的效果需要加强

乡村文化旅游旺盛的生命力来源于其独特的、淳朴的民风民俗。在文旅融合中，要分析游客的需求导向，在观光旅游、休闲采摘、舒适吃住的基础上，深入挖掘文化内涵，创新乡村文化旅游产品，提升文化呈现能力，避免过度盲目开发。同时，要不断完善提升解说系统、解说媒介、解说内容和解说人员的解说技能，以取得乡村文化展示与传递的良好效果。

（九）乡村文化旅游业管理机制需要完善

系统完善的乡村文化旅游业治理组织和治理机制对发展乡村文化旅游业具有重要作用。部分发展文化旅游业的乡村缺乏集中约束、管控机制，导致出现了文化旅游业利益相关方协调不畅、强制购物、欺客宰客以及破坏自然历史文化资源等现象。同时，"单体农户式"和"家庭作坊式"的分散化经营管理模式，难以形成"集聚式"和"航母式"的规模化发展局面，不利于乡村文化旅游业的良性发展。

第二节 文化旅游融合发展推进乡村振兴的案例分析

文化旅游融合发展要遵循乡村发展规律，以节庆活动、生产劳作、农业产品、乡村风貌等为载体，使乡村文化旅游呈现出原汁原味的乡土气息，既可以提高游客对乡村文化的感知度，也可以提高乡村文化旅游的吸引力，为推进乡村振兴发挥积极作用。在下面的这些案例中，大多都关注市场需求，注重产品创新升级，挖掘乡村传统文化内涵，推动文化与旅游业深度融合，促进乡村经济向新业态、新功能、新体验转型升级。

一、制度创新推进乡村振兴

为进一步完善公共文化旅游服务体系，推动文化旅游产业高质量发展，唐山市聚焦乡村振兴战略、涵养乡村文化生态、促进文化旅游深度融合，加快建设"重心下移、聚焦乡村、优化供给、助力发展"的新时代乡村文旅服务体系，形成"政府主导、民众主体、社会参与、多方共治"的乡村文化治理新格局。

唐山市以建设乡村文旅服务中心为抓手，以编制规范标准为遵循，不断完善唐山乡村公共文旅服务体系建设，先后出台了《唐山市乡村文化旅游服务中心建设与服务规范》《唐山市新时代乡村文旅服务体系建设实施方案》《唐山市推进乡村文旅服务社会专业化发展的指导意见》《唐山市乡村文化旅游服务中心星级评定与管理办法（暂行）》等，对促进唐山乡村文旅融合发展、优化基层资源配置、助力乡村振兴起到了极大的推动作用。

二、合理规划乡村振兴布局

文化旅游融合发展推进乡村振兴要做精顶层设计，合理规划乡村振兴布局，从实际出发，根据自身条件和资源，找到乡村振兴的优势与短板，在规划引领下，实现乡村振兴集群化高质量发展。

浙江省桐乡市出台《关于全面实施乡村振兴战略高质量推进农业农村现代化的意见》，形成乡村振兴的"四梁八柱"，实现乡村振兴"桐乡路径"。桐乡以农业发展为核心，带动蚕桑、畜牧等其他产业发展，结合美丽乡村精品线路做活桐乡旅游业，重点布局"一心二带五区"。

江苏省常州市金坛区出台《金坛茅山区域空间发展总体规划》，确立了"三区三带"的规划结构。在发展空间上着眼全域旅游统筹兼顾"景区、镇区、镇工业园区"三区联动，结合茅山的"道""山""水""林""茶""田"等资源特征，把度假区以南北向划分成"茅山道教名胜带""五湖休闲度假带""特色田园观光带"三大功能带。

内蒙古鄂托克前旗以打造"文化旅游强旗"为目标，按照"文化引领、旅游带动、项目支撑、节庆造势，产业融合、协同发展"的总体思路，加快推进乡村旅游提质增效，积极打造乡村旅游升级版。充分利用丰富的农村牧区生态旅游资源，开发美丽乡村观光休闲游、美丽乡村生活体验游、美丽乡村民俗风情游等系列旅游新业态。依托旅游线路和景点开发建设，统一规划布局农牧（渔）家乐区域，并采取以奖代补的形式扶持建设一批高档次、上规模的星级农村牧区旅游示范户。

山东省微山县南阳镇坚持以旅游带动乡村振兴的发展理念，注重顶层设计，高标准编制旅游总体规划，建立"镇、村、商"联合开发旅游的大格局，重点规划、构建"一环两轴、三团五片区"的一体式空间发展结构，优化旅游功能区布局，形成以镇区为龙头、旅游功能区为载体、旅游走廊为纽带、景区景点为支撑的全域旅游格局。同时，发展"旅游＋农业"推进农业与旅游产业深度对接，发展"旅游＋民宿"生态体验游，引进高端精品民宿，为乡村旅游注入新活力。

三、加强对乡村农耕文化的保护与开发

我国的劳动人民在几千年的农业农村生活实践中形成了一种蕴含着耕作技术和生态文化理念的农耕文化。要活态化保护、开发式传承，深入挖

掘农耕文化蕴含的优秀思想观念、人文精神、道德规范，强化对农耕文化的内容、价值的整合创新，充分发挥农耕文化在凝聚人心、教化群众、淳化民风中的重要作用，为乡村文化旅游提供丰厚内涵。

江西宜春古称"农业上郡"，农耕文化积淀深厚，源远流长，是中国农耕文化稻作文化的起源地之一，也是吴文化的源头。宜春从古代农学思想、精耕细作传统、农业技术文化、农业生产民俗、治水文化、物候与节气文化、农产品加工文化、饮食文化、酿酒文化、农业文化遗产等方面加强对乡村农耕文化的系统性研究，并积极开展农耕文化宣传展示和教育，使宜春的农耕文化得到有效保护与传承。

湖南郴州湘南农耕文化馆收集并展出民间遗存的农耕文物2000余件，以丰富的乡村历史遗痕和翔实的地方史料记载，反映了从古至今永兴、资兴、安仁、耒阳等地群众的生活、生产及手工制造等状况，全方位展示了湘南人民传统生活的智慧与传承，使观者触摸农耕历史，了解农耕文化，静心感受传统农耕文化的强大魅力。

吉林省四平市梨树县蔡家镇形成了以关东农耕文化为核心，红色文化、辽金文化、佛教文化和辽河文化共生共长的"一主四辅"全域旅游格局。蔡家镇建设的关东农耕文化博物馆，藏品以数量取胜，大量收集了农业生产工具、满族服饰、木门、风琴、鞋匠工具和剃头匠工具等各色各样的生活工具。

山东省平度市崔家集镇深入挖掘深厚农耕文化蕴含的优秀思想观念、人文精神、道德规范，通过"一书一册一展馆"，集中展现农耕传统文化、镇域发展新貌，发挥凝聚人心、教化群众、淳化民风的重要作用。崔家集镇农耕文化展馆分为"回忆·追寻""故乡·徜徉""开拓·未来"三个版块，收藏各类展品300余件，展示了地方特色农耕文化元素，展现了农耕特色小镇的文化魅力。

四、加强对乡村民俗文化的复兴与创新

家风家训、传统习俗、传统节日等乡村民俗文化，与村民日常生活息息相关，是乡村振兴的文化基础之一。民俗文化滋养着人们的心灵，涵养着人们的精神，是推动乡风文明和乡村发展的重要精神支撑。复兴与创新乡村民俗文化，正是对乡村精神家园的守护、对日渐消逝的乡愁的呵护。

山东省沂蒙山白石屋村是著名"沂蒙小调"的诞生地，依托"沂蒙小调"影响力，以沂蒙山银座天蒙旅游区为主体，恢复1940年抗大一分校文工团在此生活时期的村落场景为核心，建成了沂蒙山小调活态博物馆，并打造"沂蒙人家""沂蒙物产"等沂蒙主题院落8个，沿街设置餐馆、茶座、民宿、游乐景点等，为游客提供食、住、娱、购等服务，打造特色旅游产品。

浙江省宁波市象山溪里方村、舫前村和下沙村将农村文化礼堂升级打造成"艺＋堂"特色乡村文旅中心，提炼各村的盆景园艺、乡村美术馆、古村古居、茶文化、诗词文化、佛学文化、影视文化、赶小海、村歌、传统婚俗等方面的特色，串联起展、赏、游、乐，拓展文化体验项目，打造了雅居、禅艺、赶小海三条文旅线路。

江西省万安县高陂镇田北村依托优越的自然环境和深厚的文化底蕴，以农民画为特色元素，结合美丽乡村建设，高标准设计、高品位打造了集农民画创作、展示、培训、写生、交易和休闲旅游于一体的田北农民画村。

五、加强对乡土文化的传承和活化

乡土文化体现了"以乡土为本"的价值观，有助于增强文化认同感和获得感，对文化经济的发展也具有积极的作用。乡土文化的传承和活化要适应现代生活需求，继承并创新乡土文化，既要传承乡土文化的物质表象，

又要传承乡土文化的精神内涵。

浙江省宁波市北仑区大碶街道注重拓展本土节庆文化的内涵,使乡土文化变得更加生动有趣,成功打造了"塔峙岙桂花节""九峰山梅花节""塔峙岙杨梅节"等节庆活动品牌,让文化品牌牵手旅游产业联动发展。同时,创作了歌舞《大风歌》、舞蹈《竺秀红和他的妈妈们》等一批具有浓郁乡土气息的优秀文艺作品,建成了由鲁彦馆、周大风馆、农耕民俗馆等构成的九峰乡土文化馆,可以使观众近距离感受乡土文化。

活态利用是浙江省舟山市定海区马岙街道陶艺、越剧、锣鼓、翁州走书等民间艺术焕发新生的保鲜剂,也是助推马岙发展全域旅游的新招牌。在马岙风情乡村游中,既有水墨荣家、减信庆大等"年代地标",又有搡年糕、手磨豆浆等"儿时回忆",还有"南风卧"陶艺馆供游客体验。马岙通过活用地域文化,推动了非物质文化遗产走近百姓身边,丰富了乡村文化的内涵。

陕西绥德县薛家河镇大力支持农村地区优秀民间文化的传承与发展,以乡情、乡愁为纽带,吸引和凝聚各方面的成功人士用其学识、专业、经验反哺家乡。薛家河镇传统文化培训基地培育了大批文艺骨干,他们把现代文艺与传统文化相结合,为群众提供了更多更好的农村公共文化产品和服务,为乡村文化振兴筑牢根基。

山东省德州庆云县深入挖掘、保护、传承乡村文化资源,完善公共文化服务体系,不断推进乡村文化繁荣兴盛。庆云县不但充分开发吴忠八极拳、东路梆子、哈哈腔等一批具有历史传统和地域特色的民间艺术、民俗表演项目,还大力实施"村歌计划",通过对村歌的编创、传唱,村史的挖掘整理,提升农民的精神风貌,越来越多具备文化素养、热爱乡土文化的"新乡贤"参与其中,为乡村文化振兴提供源源不断的动力。

四川省自贡市深度开发盐文化资源,保护并开发传统村落、历史文化名镇,发展休闲农业、乡村旅游示范基地、乡村酒店、农家乐等,形成了三多古寨梨花休闲旅游、富顺李拣镇舒家坝乡村旅游、大山铺特色小镇等乡村旅游线路，促进了当地经济发展和乡土文化的传承。

六、公共文化机构推动文旅融合振兴乡村

在文化旅游融合发展推动乡村振兴的过程中，要发挥非物质文化遗产保护中心、文化馆、图书馆、博物馆等公共文化机构的积极作用，挖掘、保护、传承、发展文化资源，为乡村文化旅游增添色彩，提升乡村旅游的吸引力与影响力，为乡村振兴添活力、增动力。

江西省吉安市安福县积极推进古楚文化生态保护区建设，对保护区内的古文化遗址等进行维修保护，并建立非物质文化遗产传习所、非物质文化遗产活动展示点，策划组织"中秋烧塔"、采蜜节、火把节等特色文化旅游活动，在弘扬本地特色文化的基础上，带动当地群众脱贫致富。

浙江省德清县积极构建以县图书馆为基础、以镇（街道）特色分馆为主线的城乡公共图书馆服务体系，大力推进乡镇特色图书分馆建设，将闲置老建筑改造成设计独特、藏书丰富、活动多彩的图书馆，有力助推乡村文化振兴。位于"书香小镇"乾元镇余不弄文化街区的国学图书馆，是德清县图书馆所有特色分馆中面积最大、投资最多、功能最齐全的图书馆，是人们了解德清历史、传承国学文化的重要场所。

宁夏回族自治区石嘴山市图书馆利用图书流动服务车开展"美丽乡村阅读同行"助力乡村振兴活动，为帮扶户送去桌椅、台灯及相关图书等，让更多群众掌握科学技术知识，促进农村精神文明建设，丰富村民的精神文化生活，助力脱贫攻坚和乡村振兴。

湖北省襄阳市保康县歇马镇盘龙村在发展休闲农业的基础上为了丰富游客的体验，以村内一栋100多平方米的老屋为基础兴建了农耕文化馆，通过还原农耕生活场景，展示古老的农耕工具，真正让游客体验到农耕时

代的文化，延续历史文脉。该馆不但展陈了风车、犁、耙、石碾等农耕用具和旧时的生活用品，还展陈了玉米、红薯、南瓜等农作物，营造出浓厚的农耕文化氛围。

江西省萍乡市东源乡民俗文化馆是由桥头何氏宗祠改建而来，是东源乡首家以萍乡北路农耕文化为主题的民俗文化馆，也是东源乡爱国主义教育示范基地。该馆占地约500平方米，设5个展厅6个部分，展品1000余件，展现了萍乡北路农耕的起源、农耕器具、粮油加工存储、炊事饮食、传统习俗、休闲娱乐、乡村工匠、农副生产、交通运输等农耕文化，为青少年深入了解农业发展进程，了解传统农业、农民生产、生活状况提供了很好的平台。

重庆乡愁博物馆是渝北"巴渝乡愁"农旅项目的一大亮点，占地2200平方米，设"少时之忆展示厅""乡村大课堂展示厅""巴渝乡愁项目沙盘展示厅""农创文创展示厅"四大部分，将巴渝民俗风情、文史遗产、产业结构等以石刻、木雕、集市等形式呈现，集中展现了巴渝地区的乡村风貌和乡愁文化。

广东省怀集县连麦镇文岗村是有着600年历史的古村落。该村深挖与文天祥有关的历史文化，于2019年建成怀集县首个村史博物馆，发扬悠久的"文氏家训"和"文氏家风"，展示当地的艾糍节、文岗炮会、四月初八牛王节等当地的特色节庆习俗，为当地乡村振兴开启新篇章。

第三节 文化旅游融合发展推进乡村振兴的实践路径

文化旅游融合发展推进乡村振兴，要尊重行业发展规律，避免盲目跨越式发展，坚持文化旅游农业"三位一体"、生产生活生态同步改善的原则，加强基层基础工作，激活乡村振兴的内生动力。

一、完善制度设计

文化旅游融合发展是实现乡村振兴的重要路径，要努力践行"创新、协调、绿色、开放、共享"的发展理念，完善文化旅游与乡村振兴协同发展的制度体系。

（一）创新行业发展模式

要通过创新机制引导乡村文化旅游融合发展，逐步实现由文化资源驱动向文化创新驱动的转变、由单一型发展向融合型发展的转变和由依靠内生文化资源发展向吸收多元文化资源发展的转变，优化市场主体、发展资金和文化旅游资源的投入与整合，保持发展的活力。

（二）坚持城乡一体规划

要按照"产业兴旺、生态宜居、乡风文明、治理有效、生活富裕"的乡村振兴战略要求，致力于构建功能互补、相得益彰的城乡关系，统筹考虑各地的发展现状、资源禀赋、村庄分布等因素，制定中长期发展规划，做好深度融合谋划。同时，要以文化旅游业增强乡村经济的"造血"功能，推动城市产业要素向乡村流动，实现城乡经济互利共生融合发展。

（三）立足特色制定实施方案

坚持因地制宜，走特色化、差异化、多样化的发展道路，根据不同区域的资源特色、客源市场、产业支撑、环境承载等因素，找准文化旅游促进乡村振兴的最佳结合点，制定文旅融合推动乡村振兴的实施方案，避免项目建设的盲目性、重复性和无序性，推动文化旅游与乡村振兴多领域、全要素、多渠道融合发展。

（四）构建协调合作联动机制

在推动乡村振兴的过程中，要构建"政府引导＋企业投入＋村民参与"的参与式发展体系，形成发展乡村文化旅游业的合力。重点是要消除分歧，转变思维，制定文旅融合促进乡村振兴的工作机制，整合农业、文化旅游、城乡建设、环境保护、资源开发、交通运输等，创造良好的营商环境。同时，扶持、引导文旅融合龙头企业拓宽开发思路，创新产品形式，打造文旅融合强势品牌，形成示范效应，提高市场竞争力和影响力。

（五）成立乡村文旅自治组织

农村文化旅游市场的主体多是小额分散资本和农民个体，相关产业、产品缺乏系统包装打造，不利于营销推广和资源整合。要成立由乡贤、乡村文旅企业带头人、乡村科技能人等人员组成的乡村文旅融合发展自治组织，加强规划设计、宣传推介、运营管理、标准制定、人才培养等方面的自治，协调处理各种困难和问题。同时，探索"乡村振兴合伙人制度"，为村民主动赋权，充分调动村民参与文旅产业的积极性和主动性，形成"自发、自愿、自为、自治"的协调机制。

二、培育人才队伍

"人才振兴"是文化旅游融合发展推动乡村振兴的关键所在。要完善和创新乡村文化旅游人才培养、引进、管理、使用机制，优化乡村文化旅游人才发展环境，培育层次结构合理的乡村文化旅游人才，促进人尽其才、才尽其用，激发人才的活力。

（一）文化自信增强文化认同感

乡村的凋敝和空心化，导致了乡村居民对乡村文化的自信心、自豪感有所下降，不利于文化旅游融合发展推动乡村振兴。要推动乡村文化振兴，在乡村生产生活中重新植入中华优秀传统文化，并加大教育力度，从青少年着手，开设优秀传统文化教育课程，举办文化知识讲座、文化遗产参观交流等活动，培养青少年对乡村文化的兴趣爱好，坚定他们的文化自信，增强他们的文化认同感。

（二）激活乡村居民的内生动力

文化旅游融合发展推动乡村振兴的主体是乡村居民，社会各界可以发挥组织者、引导者的作用，但不能越俎代庖。要尊重乡村居民的意愿，以文化旅游融合发展带动乡村经济的振兴，提高乡村居民对乡村文化旅游的重视程度，增强他们的获得感、幸福感、安全感。同时，关注乡村居民对美好生活的向往，帮助他们克服"等、靠、要"的依赖观念，激发他们的积极性、主动性、创造性。

（三）发挥"新乡贤"的示范引领作用

积极搭建聚贤平台，选聘"新乡贤"担任乡土文化辅导员、乡风民俗引导员、乡村形象宣传大使等，发挥其在招商引资、宣传推介等方面搭桥梁和系纽带的作用。同时，实施"乡村匠人""非物质文化遗产传承人""乡村职业经理人""乡村文旅精英"等人才培养计划，发挥乡村文旅产业技术人才、管理人才和文化艺术传承带头人的示范引领作用，促进村民互相学习，培育新型职业村民。

（四）建设人才培养培训基地

要将培养培训资源有序、有针对性地向乡村地区倾斜，并鼓励乡村地区加强与公共文化服务机构和旅游高等院校、科研院所以及大型旅游企业的合作，联合打造文化旅游职业人才培训基地、文化艺术传承基地、旅游产业实习基地以及"乡贤讲堂""新时代农民讲习所""旅游职业技术大讲堂"等,开展各类培训活动,提供技能培训平台和机会,加大对乡村基层骨干和文化旅游从业人员的培训力度。

(五)建立乡村文化旅游行业发展智库

聘请文化旅游行业的专家学者、文化旅游企业的优秀管理人员、旅游职业技术能手、行业主管部门的管理人员以及当地的"土专家""田秀才"和致富能手组建"乡村文旅产业发展智库",定期召开研讨会,为促进乡村文旅产业发展建言献策。

(六)完善人才引进机制

在高等院校开展学历教育,培养文化旅游复合型人才,并与社会培训机构合作,采取课堂授课、在职培训、专题讲座等形式,提升相关人员和队伍的业务素质。用人单位在薪酬待遇、职称晋升等方面给予充分重视,还可以采用员工持股等方式引进高层次人才。同时,支持青年回乡创业,完善人才回流机制,用优惠的待遇吸引和鼓励高素质精英人才返乡,积极参加乡村建设。

三、优化乡村文化旅游环境

在文化旅游融合发展推动乡村振兴的过程中,要结合乡村特色,不断改善乡村文化旅游环境,提升服务品质和效能,展示乡村旅游的魅力和吸引力。

(一)治理自然生态环境

按照"绿水青山就是金山银山"的发展理念,构建环境保护与治理的奖惩机制，构建集"山、水、林、田、湖"于一体的绿色生态系统，加强对乡村的田野、河流、森林等自然景观风貌的保护。同时，可对闲置土地进行"采摘产业""林下经济""创意农庄""田园综合体"等项目的开发，将自然生态环境资源转变为乡村文化旅游发展资源。

（二）改造提升人居环境

要继续加强乡村厕所革命、乡村污水治理、乡村垃圾治理、乡村村容村貌提升、乡村院落整理等人居环境整治工作，开展乡村"植被绿化、环境净化、村容美化、夜景亮化、道路硬化"等工程，并完善道路、通信、卫生等方面的基础设施建设，为游客到乡村旅游创造便利的条件，给游客一个舒适、美好的旅游体验。

（三）提升文化旅游的文明环境

乡风文明是提升复游率的重要因素，也是文化旅游可持续发展的重要保障。要重视提升文化旅游的文明环境，让农民成为乡村文化旅游的参与者、建设者和受益者，提升其加强精神文明建设的自觉性，使其成为文明的传播者和践行者。

（四）完善乡村文化旅游基础服务设施

要按照"新建、改造、维修、整合"的思路，统筹乡村综合文化服务中心、游客中心等公共文化旅游设施建设布局，完善公共文化旅游服务设施，提高其使用率。在旅游景区、旅游街区、旅游公路沿线等区域建设旅游厕所、设置旅游标识标牌，优化乡村公共文化旅游服务体系。同时，要围绕补齐短板，开展对旅游景区及其周边环境的综合整治工作，优化提升环境卫生质量、植被维护效果等。

（五）建立特色乡村文化旅游场馆

支持、鼓励公共文化资源下移，保护和修缮乡村的历史遗迹，并实施"乡村文化记忆工程"，在具有特色文化积淀的乡村建立乡村文化展览馆、村史室、陈列馆、民俗博物馆、乡村记忆馆、特色技艺体验馆等文化基地。同时，可以将无人居住的老旧房院打造成为特色民宿、乡村酒吧、乡村美容院、乡村疗养院，实现空置资源的高效利用，构筑"村景一体"和生产、生活、生态"三生合一"的格局。

（六）提升文化旅游网络服务

实施"互联网＋乡村文化旅游服务"，构建便捷舒适的服务网，加快文化旅游的信息化、数据化、智慧化。发展智慧智能旅游，开发大数据平台，建立健全乡村文化需求反馈机制，推广"按需制单、百姓点单"服务模式，倡导多元化的文化旅游服务主体和多层次的文化旅游服务内容和形式，拓展旅游商品体系。

四、加强乡村文化旅游品牌建设

乡村文化旅游品牌建设是文化旅游融合发展推进乡村振兴的必由之路。通过深入挖掘优秀传统文化资源、保护和传承优秀传统文化、提炼差异化的文化元等素，准确把握市场需求，提供多元化的文化旅游产品，进而打造文化旅游品牌。

（一）挖掘优秀传统文化资源

要深入挖掘乡村丰富的文化资源，为建设文化旅游场馆、开发文化旅游产品、开展文化旅游服务提供基础。对优秀传统文化资源进行活态化保护、开发式传承、整合式创新，可以使文化遗产在流传中继承、在展示中保护、在利用中发展。

（二）保护和传承优秀传统文化

保护和传承优秀传统文化资源，要重点做好农耕文化、民俗文化、乡土文化的保护和传承。保护和传承优秀传统文化主要是立足乡村丰富的农耕文化，围绕"农具、农田、农产、农活、农俗"等主题，建设"农耕生活体验馆""农业文化主题公园"等平台载体，大力发展乡村绿色食品、纯天然有机食品特色产业，在旅游纪念品开发中植入特色农耕文化元素。保护和传承民俗文化主要是实施"乡村文化记忆工程"，建造"乡村记忆馆""民俗博物馆"，拍摄特色历史文化名村专题片，编纂村史村志，建立"乡村文化资源库"，并举办"中国农民丰收节"等民俗节庆活动。保护和传承乡土文化主要是立足乡村特有的乡土建筑、乡土风味、乡土气息、乡土景观等资源，用科技手段传承乡村特有的"土味""村味""农味""野味"，增加乡村文旅产业的"趣味"。

（三）提炼差异化的文化元素

悠久的历史积淀了深厚的乡村文化资源，各地千差万别的民间手工、农作物、民间故事、舞蹈、歌曲、饮食服饰、宗族祠堂等都与农民日常生活有着密切的关联。要对具有开发价值和潜力的文化资源进行梳理，依托地域特色，深度挖掘、系统提炼差异化的文化元素，并根据差异化的文化元素制定差异化的发展路径，做到不同乡村不同风貌，满足游客对乡村文化的追求，有效提高乡村文化旅游对游客的吸引力。

（四）准确把握文化旅游市场的发展趋势

不但要细致研究不同层次、不同年龄段的游客对文化旅游产品的多元化需求，满足游客显示品位、体验生活的要求，还要研究文化旅游消费的代际更迭给文化旅游市场带来的影响。要按照文化旅游市场的发展趋势和文化旅游发展的实际需求，依托乡村文化旅游资源和区域功能定位，促进文化旅游资源与现代消费需求有效对接，推动乡村文化旅游向多样化、差异化、高端化的方向发展。

（五）优化乡村文化旅游产业链

要在市场需求引导下，加强"吃、住、行、游、购、娱"等传统要素和"养、学、闲、商、情、奇"等拓展要素的联系，加强乡村文化旅游产业与其他产业的跨界融合与资源整合，分解、重构、整合文化旅游产业链，发展乡村的夜间经济、避暑经济、康养经济、会展经济等业态。同时，支持具备条件的乡村设置乡村文化旅游产业区域，探索文化、健康、旅游与生态融合发展的新模式，并促进文化创意与特色农业的融合发展，激发文化旅游的汇集效应。

（六）提供多元的文化旅游产品

文化旅游产品是文化旅游品牌的重要载体，承载着文化旅游目的地的历史渊源、文化沉淀和文化传承，能够赋予旅游者丰富的情感体验。要立足乡土建筑、乡土风味、乡土气息、乡土景观等，强化现代科技在乡村文旅资源开发、产品设计、品牌营销等方面的应用。有条件的乡村可以结合当地文化特色，设计、开发具有实用、艺术、时尚和收藏价值的多元文旅产品，并开展不同类型、不同规模的展演展示、演艺活动，增强乡村文化旅游的吸引力。

（七）设计具有较强体验感的文化旅游活动

在乡村旅游活动的设计中，要结合古村落建筑、民间风俗、戏剧文化、宗教文化、自然风光等资源，开发以特色文化为主题的乡村探秘旅游、以山水文化为主题的乡村生态旅游、以民俗文化为主题的乡村文化传承旅游、以创意文化为主题的乡村智慧旅游，设计具有较强体验感的文化旅游活动，通过展示传统的生产生活方式，使游客通过亲身经历了解当地的文化，加深对当地的印象。

（八）加大乡村文化旅游的营销力度

面对现代科技的不断发展进步，要采取线上与线下相结合的营销方式，充分发挥新媒体传播文化旅游品牌和形象的作用，与游客及潜在游客构建互动关系，提升营销效果。针对不同人群，应采取不同的营销策略，既可以通过抖音、哔哩哔哩等平台投放营销短片，又可以通过影响力较大的微信公众号投放营销信息，还可以利用网络红人的影响力提升营销效果。

总之，文化旅游融合发展要按照全域旅游、因地制宜、可持续发展的原则，整合自然、文化、经济、社会等要素，逐步推进乡村振兴，实现经济效益、生态效益、社会效益的和谐统一。

参考文献

[1] 把多勋. 改革开放 40 年：中国文化旅游融合发展的价值与趋势 [J]. 甘肃社会科学，2018（5）：10-20.

[2] 周锦，赵正玉. 乡村振兴战略背景下的文化建设路径研究 [J]. 农村经济，2018（9）：15-21.

[3] 王韬钦. 文化振兴视阈下乡村文化旅游融合发展的内生逻辑及路径选择 [J]. 科技促进发展，2018（12）：1186-1192.

[4] 吴理财，解胜利. 文化治理视角下的乡村文化振兴：价值耦合与体系建构 [J]. 华中农业大学学报（社会科学版），2019（1）：16-23，162-163.

[5] 范建华，秦会朵. 关于乡村文化振兴的若干思考 [J]. 思想战线，2019（4）：86-96.

[6] 宋小霞，王婷婷．文化振兴是乡村振兴的"根"与"魂"：乡村文化振兴的重要性分析及现状和对策研究 [J]．山东社会科学，2019（4）：176-181．

[7] 夏营．谈"文旅融合"发展的深层意义 [J]．旅游纵览（下半月），2019（10）：55-56．

[8] 谢璐．乡村振兴背景下美丽乡村文旅融合发展路径研究 [J]．佳木斯职业学院学报，2019（8）：233-234．

[9] 王敏．乡村振兴背景下河北省乡村文化旅游融合模式研究 [J]．南方农业，2019（15）：95-96．

[10] 汪珍．文旅融合振兴乡村经济的策略研究 [J]．内蒙古煤炭经济，2019（17）：75-76．

[11] 金式攀．乡村振兴战略下浙江文旅产业融合发展研究 [J]．安徽农学通报，2019（19）：4-6．

[12] 鲁明月．乡村振兴背景下乡村文化与乡村旅游的融合发展研究 [J]．科技经济导刊，2019（21）：109．

[13] 颜廷利．文旅融合下的乡村旅游发展研究 [J]．智库时代，2019（48）：39-40．

[14] 陈永胜，田春晖．乡村振兴战略中乡村文化的建构路径 [J]．甘肃理论学刊，2020（1）：44-49．

[15] 申军波，石培华，张毓利．乡村文旅产业融合发展的突破口 [J]．开发导报，2020（1）：104-109．

[16] 周玲玲．文旅融合视角下的成都乡村振兴路径研究 [J]．佳木斯职业学院学报，2020（1）：273-274．

[17] 杜坪，刘飞．乡村振兴战略下传统文化与乡村旅游融合发展探析：以自贡市盐文化为例 [J]．四川旅游学院学报，2020（3）：70-73．

第八章　生态文化与生态旅游融合发展研究

2018年5月18日，习近平总书记在全国生态环境保护大会上指出："中华民族向来尊重自然、热爱自然，绵延5000多年的中华文明孕育着丰富的生态文化。"生态、文化、旅游三者之间存在着天然的、密不可分的联系，文化是旅游的灵魂，旅游是文化的载体，生态兼具文化属性和旅游属性，生态文化与生态旅游互相依存、互动发展。从人类发展史来看，旅游自诞生之日起，就与生态文化紧密联系在一起，无论是古代的帝王巡游、文人漫游等，还是近代以来的国家公园、旅游景点的建设等，都给一定范围内的生态系统带来不同程度的影响，为协调生态保护和生态资源开发利用提供了机遇，孕育了生态文化与生态旅游融合发展的思想。近年来，随着全域旅游的兴起和文化旅游、生态旅游的发展，旅游业进入"大旅游"时代，在相同价值目标的基础上，生态文化与生态旅游的关联度更为紧密，已呈现出融合发展、同步推进的态势。

目前，很多国内学者和业内专业人士已对我国生态文化与生态旅游融合发展进行了广泛的研究，取得了很多理论和实践成果。在现有研究成果中，针对某一特定区域的生态文化与生态旅游融合发展的研究比较多，部分研究也涉及了生态旅游与文化旅游深度融合发展的整体性复杂问题，但对生态文化与生态旅游的综合研究还不够深入，需要进一步研究其发展机理、发展趋势和发展路径，为生态文化与生态旅游融合发展夯实理论基础。

第一节　生态文化与生态旅游的内涵

旅游作为人类亲近自然、追求人性、记录文化的一种手段和满足人类精神文化需求的综合型产业，正逐渐成为人们生活的常态化和刚性需求。生态文化与生态旅游的碰撞，是一种有效的活态文化传承方式。旅游不仅可以保护生态文化的活态性，还有助于提升旅游的文化内涵。在文化与旅游深度融合发展的时代背景下，要提高国家文化软实力和中华文化影响力，推动文化事业、文化产业和旅游业的融合发展，就必须大力推动生态文化与生态旅游融合发展。

一、生态文化与生态旅游概述

推动我国生态文化与生态旅游融合发展，要基于经济社会发展现状和未来发展趋势，正确认识生态文化、生态旅游、生态文化旅游的内涵，梳理我国生态文化与文化旅游发展的历程，厘清生态文化与生态旅游的关系。

（一）生态文化的内涵

生态文化是人们在社会实践中逐渐形成的一种人与自然和谐、协同进化的文化，能够影响人们的价值取向，改变人们的行为模式。经历过工业文明给自然环境带来的各种污染和破坏，人们逐渐认识到生态文化是人类需要采取的新的文化选择，必须以生态文明来取代工业文明，人类社会才能可持续发展，自然环境才能持续进化。

在人与自然关系的层面，生态文化是人类在自然界生存、享受和发展的一种特殊方式，是尊重自然、人与自然和谐发展的文化。在物质文化层面，生态文化通过采用新的生态技术，实现社会物质生产和社会生活的生态化。在精神文化层面，生态文化使哲学、道德、艺术沿着符合生态保护的方向发展。

生态文化具有特殊的价值，能够改变人们对社会的认知，不但能使人们形成生态思维方式，让人们科学地认识到，只有在人与自然和谐共生的条件下，人类社会才能可持续发展；而且能使人们敬畏生命，树立合理的生态伦理价值观，促使人们关爱生态、感受自然的美好，进而使人们自觉形成良好的保护生态环境、永续利用生物资源和实施可持续发展的思维模式和行为模式。

（二）生态旅游的内涵

1983 年，国际自然保护联盟（IUCN）特别顾问谢贝洛斯·拉斯喀瑞（Ceballos Laskurain）首次提出生态旅游（ecotourism）的概念。1990 年，国际生态旅游协会（International Ecotourism Society）将生态旅游定义为：在一定的自然区域中保护环境并提高当地居民福利的一种旅游行为。从这个定义出发，可以将生态旅游理解为一种以生态教育为核心的可持续发展的旅游业，目的是使当代人享受自然景观和人文景观的机会与后代人平等，当代人要为后代人创造更加美好的人与自然和谐共生的人文景观；生态旅游一定要有当地公众参与，并使当地人民受益；应有相当一部分旅游收入反哺当地的生态建设。

目前，比较受到研究者和从业人员广泛认可的生态旅游是指以有特色的生态环境为主要景观的旅游，生态旅游以保护生态环境为前提，以统筹人与自然和谐发展为准则，并依托良好的自然生态环境和独特的人文生态系统，采取生态友好方式，开展的生态体验、生态教育、生态认知并获得身心愉悦的旅游方式。

生态旅游的产生和发展是由全球环境恶化问题引发的。生态旅游改变了旅游客源的构成和流向，原有的以流向工商业发达城市为主的客源，改变为流向自然、追求返璞归真的客源。由于生态旅游以"走进自然、认识自然、保护环境"为主题，将环境保护放在首位，通过促进旅游资源永续利用和良性发展，增强旅游的发展潜力和动力，生态旅游又被称为"绿色旅游"。

生态旅游融合了生态保护、文化修养、旅游体验，包含了生态旅游目的地、旅游设施、旅游服务等综合旅游形态，是游客追求自然享受时，增强环境意识、参与环境保护、增长知识的具有文化性质的高品位、高格调的旅游方式。生态旅游是人们重返自然、认识自然、享受自然、保护自然的旅游方式。

（三）生态文化旅游的内涵

生态文化旅游是生态文化与生态旅游融合发展的高级阶段，坚持可持续发展原则，兼具生态与文化特色，以满足游客的生态文化体验需求为出发点和落脚点，开发利用生态资源和文化资源发展旅游。

生态文化旅游是采用对生态环境影响相对较小的发展方式提升旅游的综合效益，不是简单地叠加生态旅游和文化旅游，而是集生态旅游和文化旅游于一体的综合旅游方式，可最大限度发挥经济、社会和生态效益，促进经济社会可持续发展。

生态文化旅游的目的地指向具有独特社会文化的区域，其旅游吸引物为特色城镇、文物古迹、古建筑、宗教寺庙、民居建筑、民族服饰、饮食习惯、节日庆典等具有特色的文化景观。文化生态旅游产品主要包括宗教文化游、民俗风情游、文物古迹游、寻根谒祖游、乡村体验游等。

二、我国生态文化与生态旅游融合发展的历程

1987年，我国著名旅游经济和管理专家、旅游、酒店研究专家魏小安在国内最早提出"文化旅游"的概念，他认为旅游活动是经济性很强的文

化活动，旅游业是文化性很强的经济事业。1994年，中国旅游协会生态旅游专业委员会（对外简称"中国生态旅游协会"，英文简称"CETA"）的成立，标志着我国开始关注生态旅游产业。

当前，我国的生态文化与生态旅游融合发展呈现出明显的转型升级趋势，生态文化旅游由观光主导型向观光休闲度假复合型转变，由资源依赖型向产品创新型转变，由粗放发展型向精细化运作型转变，由门票经济型向产业经济型转变，由规模扩张型向规模质量并重型转变，由旅游行业发展型向多产业融合发展型转变。在我国，生态文化与生态旅游融合发展主要经历了三个阶段。

（一）生态文化与生态旅游独立发展阶段（2000年以前）

旅游业处于粗放开发资源阶段，旅游业的发展主要取决于旅游资源本身的质量，生态文化与生态旅游各自独立发展，旅游活动主要是观光，不重视购物、娱乐等其他旅游活动。生态旅游主要以开发自然旅游资源为主，打造以自然山水为核心的自然观光景区，欠缺对文化资源的同步开发与保护，形成了黄山、张家界等一批以世界自然遗产为核心的国际性大型旅游景区。文化旅游主要依托文化遗址、文物群、博物馆等文化资源。由于文化资源的碎片化和分散化，文化旅游在旅游中占比较少，文化旅游产品亟待开发，对文化旅游景区的文化内涵的挖掘偏少，对文化资源的市场化、活态化展示较少。

（二）生态文化与生态旅游初步融合发展阶段（2000—2010年）

我国加入世界贸易组织以后，国外游客数量激增。国外游客对自然和文化的双重追求，特别是对中国文化的偏爱，提高了国内景区对文化要素的重视。同时，随着国内游客多样化、个性化需求的增加，旅游业对复合型旅游产品的需要明显增多，生态文化与生态旅游开发出现交叉融合。生态旅游景区开始推进生态文化与生态旅游融合发展，开发文化演艺产品，并推出了《印象刘三姐》《印象丽江》《宋城千古情》等一批文化旅游演艺节目，在国内各地尤其是中西部地区掀起发展生态文化旅游的新潮流。文化旅游景区则开始重视对生态资源的保护，更加强调原生态元素，比如，2008年，湖北提出，要激活鄂西地区丰富的生态、文化等资源的优势，协调组织建设"鄂西生态文化旅游圈"，使其成为国内著名、国际知名的旅游目的地；贵州大力推动民族文化旅游产业发展，打造《多彩贵州风》品牌旅游演艺节目，并自2008年起举办"中国·凯里原生态民族文化旅游节"。

（三）生态文化与生态旅游提质升级阶段（2010年至今）

人工智能、大数据、移动网络、多媒体等新兴技术的创新发展，为生态文化与生态旅游融合发展带来新的契机。2012年9月发布的《贵州生态文化旅游创新区产业发展规划（2012—2020）》是第一个关于生态文化旅游产业发展的省级规划，该规划明确提出要实现旅游业创新、绿色与协同发展，把贵州建成世界知名、国内一流的旅游目的地、休闲度假胜地、文化交流重要平台。此后，各地陆续制定、实施生态文化旅游开发规划，使旅游产品开发与国际接轨，兴起了一批具有国际品质的生态文化旅游区。同时，很多地区大力宣传生态文化旅游，如江西在瑞典举办"江西风景独好，生态文化旅游"推介会，西藏举办林芝雅鲁藏布生态文化旅游节，武当山提出要打造国际生态文化旅游目的地等。

2020年10月26日至29日，中国共产党第十九届中央委员会第五次全体会议在北京召开。会上提出，推动绿色发展，促进人与自然和谐共生；坚持绿水青山就是金山银山理念，深入实施可持续发展战略，完善生态文明领域统筹协调机制，构建生态文明体系，促进经济社会发展全面绿色转型，建设人与自然和谐共生的现代化；要加快推动绿色低碳发展，持续改善环境质量，提升生态系统质量和稳定性，全面提高资源利用效率。这也标志着我国的生态文化与生态旅游融合发展进入新的发展阶段。

三、生态文化与生态旅游的关系

在绿色发展、生态文明建设发展战略下,生态文化与生态旅游互相融合、互相支撑、互相促进成为发展趋势。生态文化与生态旅游融合发展势头强劲、产业规模不断扩大,必将在推动特色城镇、美丽乡村、新型城市化建设等方面发挥更加积极的作用。

(一)生态文化与生态旅游均追求可持续发展的目标

生态文化与生态旅游是可持续发展的战略选择。20 世纪 60 年代以来,生态危机愈演愈烈,生态环境问题与经济社会发展之间的矛盾变得愈加尖锐,生态问题成为影响人类生存与发展的主要因素,阻碍了社会协调、持续、稳定发展。因此,人类对工业文明发展所带来的环境危机问题进行了深刻反思,并总结经验教训,谋求保证经济社会稳步发展、减少生态环境破坏的发展模式。

生态文化和生态旅游追求的目标都是实现经济社会的可持续发展。经过大量的理论研究和实践探索,人们普遍认为,生态危机出现的原因是复杂的,有经济快速发展的原因,也有应用技术的原因,但其深层次的原因是生态文化的缺失。生态文化追求人与自然和谐发展,涵盖了生态世界观、生态价值观、生态伦理观、生态科技观、生态发展观,是解决生态危机、实现人类社会可持续发展进步的必然选择。

生态旅游关联度强、产业链长、辐射面广,不但可以促进旅游业转型升级,而且对社会进步、经济发展、文化传承、生态保护也具有积极的推进作用。发展生态旅游,要对旅游及相关产业进行科学规划,合理布局资源要素,形成以旅游业为发展动力的区域经济形态,拓展新的发展空间,培育新的经济增长极,构建新的产业体系,从而成为推动区域经济社会发展的重要抓手。

(二)生态文化与生态旅游均倡导协调发展的理念

生态文化协调人与自然的关系,摒弃了人统治自然的思想,从人与自然和谐的视角探讨人与自然的复杂关系。生态文化是人类文明与环境协调发展的结果,体现了人类社会与环境共同发展、互为载体、互相促进的关系,倡导人与人、人与社会、人与自然和谐相处、协调发展,不能为人类文明的发展牺牲生态环境的发展,也不能为生态环境的发展而牺牲人类文明的发展。

生态旅游倡导经济、社会、环境三大系统协调发展,涉及工业、农业、林业、教育、医疗、科技、环境、建筑、交通等众多领域,可以实现景城合一、统筹城乡一体化发展、促进多产业融合发展。

(三)生态文化与生态旅游均满足人民群众对美好生活的需求

随着经济社会的发展,人民对美好生活的需求不仅表现在对物质生活的要求上,也表现在对生存环境、个人发展、文化旅游体验等方面的要求上。生态文化、生态旅游正是满足人民群众对美好生活的需求的重要举措。生态文化作为一种绿色文化根植于人们的思想意识之中,将促进更多、更优质的绿色食品、环保产品等进入人们的生活,有助于打造良好的生态环境、提升人们的生活的品质。

面对游客兴趣多元化、时间碎片化、交通便捷化的现状,发展生态旅游不但可以提供更广的旅游平台、更大的旅游空间、更多的旅游方式,还可以提供人们期盼的生态城市、生态乡村,能够更好地满足人们对物质、文化、生态等多方面的美好生活的需求。

（四）生态文化为生态旅游提供指导

生态文化作为新时代的价值指向，贯穿于政治、经济、社会、文化、生态建设的各个方面和全过程，揭示了作为生态经济主要表现形式的生态旅游的发展实质，能够促进生态旅游理念的构建和实施。生态文化充分协调了社会、经济、环境三者间的关系，引领经济增长方式的转型和升级、追求不以牺牲生态环境为代价的绿色发展，为生态旅游的规划、保护、开发、建设、运营、管理、宣传、教育等各个环节和吃、住、行、游、购、娱等旅游要素提供指导。

（五）生态旅游促进生态文化建设

生态文化与生态旅游发展都强调在绿色发展、可持续发展的基础上，不断优化、美化环境，两者能够形成互惠互利的良性循环。发展生态旅游可以缓解生态压力、统筹人与自然和谐发展，既能助推经济社会发展进步，又能对生态文化建设作出贡献。生态旅游可以有效促进城乡居民收入增长、扩大内需、带动相关行业发展，并促进区域经济转型升级，优化资源配置，在资金筹措、产业发展、市场运营等层面反哺生态文化建设。生态旅游活动为人与人之间的沟通交流提供了机会和平台，有力促进了生态环保、绿色消费、低碳经济等生态文化理念的传播。同时，生态旅游的旅游目的地建设以及相关制度等，均属于生态文化的组成部分，可以将生态旅游作为重要抓手推进生态文化建设。

第二节 生态文化与生态旅游融合发展的实践

当前，旅游产业转型升级趋势显著，由观光主导型向观光与休闲度假复合型转变，由资源依赖型向产品创新型转变，由粗放型发展向精细化运作转变，由门票经济向产业经济转变，由规模扩张向规模与质量并重转变，由单一行业发展向多行业、多产业融合发展转变。生态文化与生态旅游融合发展要适应旅游产业转型升级的趋势，加强调查研究，不断总结经验、分析教训，在实践中取得理论研究成果，用理论研究成果指导实践创新发展。

一、生态文化与生态旅游融合发展的核心要义

生态文化与生态旅游融合发展的核心是树立正确的发展理念，增强推进文化、生态、旅游深度融合的主动性、自觉性，谋求文化旅游产业的多元化发展，运用科技手段提升游客体验，用生态文化旅游的可持续发展助推经济社会发展。

（一）树立正确的理念

要树立生态、文化、旅游一体化发展理念，坚持"文化搭台、生态牵手、旅游唱戏"，加强制度设计创新、供给侧结构性改革、高质量发展机制创新和生态文化旅游产品创新，推动文化、生态、旅游的深度融合。在组织结构、管理体制、发展规划、发展措施等方面加强生态文化与生态旅游的融合，在基础资源、生产要素、产业链等环节实现有效融合，用生态文化诠释生态旅游，提升生态旅游的内涵和创意，并借助生态旅游保护、传承和传播生态文化。

（二）激发自觉意识

生态文化与生态旅游融合发展应该是旅游经营者、游客和当地居民共同参与、互动共赢的过程，要增强各方的主动性、自觉性。在推进生态文化与生态旅游融合发展的过程中，要注意为当地提供可选择的增加收入的机会，打造优质的文化旅游产品，形成良好的文化旅游行为。旅游经营者

要保护好生态旅游承载的生态文化，顺应游客的兴趣和需求，将历史文化、民间艺术、民俗风情、宗教文化等地域文化融入生态旅游，使游客在参与中体验、在体验中认同、在认同中保护。游客在欣赏和享受生态文化和生态旅游的同时，要与旅游经营者、当地居民共同维护文化生态的完整，尊重文化差异。当地居民要以主人翁的姿态参与生态文化旅游产品的开发，主动保护地域原生态文化，延续历史文脉，并与旅游经营者共同营造良好的生态文化旅游氛围。

（三）谋求多元发展

在共享经济的时代，生态文化与生态旅游融合发展，需要跨界融合、合作共赢，要用"生态文化+""生态旅游+""生态文化旅游+"催生新业态，拓宽产业面，拉长产业链，谋求多元化发展，形成新的产业和增长点。文化创意是生态文化与生态旅游融合发展最具增长潜力的要素，能够对现有生态文化旅游资源进行创新开发。要将文化创意与生态文化、生态旅游资源相结合，活化生态文化旅游资源，打造具有较强市场竞争力的生态文化旅游产品。

（四）运用科技手段

随着现代科技的快速发展，生态文化与生态旅游融合发展必须运用技术手段创新生态文化旅游形式，提升生态文化旅游产品的科技含量，打造对游客具有较强吸引力的生态文化旅游新产品和新业态。要加强旅游信息化和大数据平台建设，涉旅场所要实现免费 Wi-Fi、通信信号、视频监控全覆盖，旅游消费场所实现线上预约、线上支付，主要旅游区实现智能导游、电子讲解、实时信息推送，通过服务智能化，提升旅游服务质量和水平。同时，借助新媒体丰富营销渠道，与新型传播平台合作，推出网红生态文化旅游产品，促进景区景点从门票经济向以 IP 开发为核心的综合经济拓展。

二、生态文化与生态旅游融合发展的基本原则

生态文化与生态旅游融合发展要坚持地域特色原则、文化保护原则、文化挖掘原则、可持续发展原则，使游客感受到生态建设的成果，享受到良好的生态文化旅游体验，加深对生态文化的理解，并通过生态旅游活动为旅游经营者、游客、当地居民搭建起文化交流的桥梁，促进生态文化的传播，推动行业快速发展。

（一）地域特色原则

在人类社会长期的发展过程中，不同的地域因其不同的自然、社会、政治、经济、文化、历史环境，形成了各自的地域特色，当地居民也形成了特定的生产生活方式、风俗习惯、价值观念。生态文化与生态旅游融合发展要突出地域特色，依靠地域文化吸引游客，使游客在追求文化的认同或差异中获得满足，从而实现文化的传播和经济效益的提升。

（二）文化保护原则

地域文化具有不可复制性。在生态文化与生态旅游融合发展中，要坚持开发与保护兼顾，当开发与保护出现矛盾时，不能为了开发而破坏地域文化。要确保地域文化的完整性，使生态文化旅游产品呈现出原汁原味的地域文化特色，既能够满足游客的心理、体验需求，又能够维护文化生态系统的平衡，更好地保护生态文化景观。

（三）文化挖掘原则

具有生命力的旅游产品是吸引游客的关键，也是生态文化旅游可持续发展的关键。推动生态文化与生态旅游融合发展，要深入挖掘区域内的生态文化资源。根据区域内的生态文化资源，设计生态文化旅游产品。

（四）可持续发展原则

生态文化与生态旅游融合发展既要有利于对特殊文化区域的保护、文化景观的保护，又要有利于对文化资源的合理利用。要通过挖掘和合理利用生态资源、文化资源，满足游客的文化审美心理，并注意满足不同区域、不同年龄段的游客的需求，从而吸引更多游客，拉动区域经济增长，推动社会进步，促进文化生态旅游的可持续发展。

三、生态文化与生态旅游融合发展存在的问题

生态文化与生态旅游融合发展，既能够提供大量就业岗位，又能够带动建筑、物流、交通、金融、通信、娱乐、饮食等相关产业的发展，对经济社会发展和生态环境保护具有极强的推动作用。目前，多数生态文化旅游产品的文化内涵展示不够，对生态环境保护重视不足，生态文化与生态旅游融合发展还存在一些问题。

（一）资源开发水平有待提升

对生态旅游的文化内涵的挖掘还不够全面，部分森林、海洋公园对森林、海洋生态文化的挖掘仅限于自然科普知识介绍。对文化资源，特别是对非物质文化遗产资源的保护和利用不够，部分非物质文化遗产项目存在着传承后继乏人、保护开发脱节、挖掘创新不够等问题，部分原生态民族建筑和传统村落特色淡化。随着生态文化与生态旅游的融合发展，异质文化的逐步渗透，原生态文化遭到强烈冲击和同化。部分文化旅游演艺项目因将文化资源搬离其依附的原生态环境而失去原生态的韵味，存在过度商业化和过度包装的倾向。高端创意和管理人才不足，导致生态文化旅游项目无法准确定位市场需求和细分市场，难以形成区域内协调发展的产业链。

（二）产品业态有待丰富

生态文化旅游资源的产品、业态的转化能力不足、开发深度不够，对文化内涵和地域文化价值的挖掘与创新不够，优质资源没有转化为新产品、新业态，特色精品、知名品牌较少，档次不清晰、雷同度高、附加值低，缺乏市场竞争力，不能满足游客多层次、多样化的休闲旅游需求。对资源的整合力度不够，区域特色产业与文化生态旅游开发的融合程度不高，市场成熟度弱，未能有效地将特色产业通过生态文化旅游转化为强势产业。

（三）市场运作能力有待提高

大部分旅游营销主要依靠主题活动，营销的持续性和影响力不强，缺乏高水平营销，营销力度整体偏弱，市场拓展力度有限，品牌效应不显著，市场知名度不高。缺乏规模大、实力强的旅游市场主体，缺乏专业人才和先进管理手段，经营效益不高。产品产业链条不完善，带动能力不强，旅游路线短线多、长途少，游客消费整体处于较低水平，旅游效益整体偏低。

（四）基础设施建设有待完善

交通、通信等基础设施建设滞后，公共厕所、游客服务中心、停车场、标识标牌等配套服务设施还不完善。尤其是一些位于较为偏远地区的生态文化旅游景区，其公路建造标准偏低，路况较差，制约生态文化与生态旅游融合发展。

（五）运营体制机制有待创新

运营机制不够灵活，市场化、产业化、组织化程度不高，吸引社会资本的能力不强，社会资本进参与旅游投资与开发的渠道不畅，影响了生态文化与生态旅游的融合发展。部分景区缺乏资源整合、市场合作理念，经营方式单一，旅游企业和当地居民的合作措施失当，双方矛盾较多，部分居民对发展生态文化旅游的积极性不高，甚至持反对态度。区域间的生态文化旅游协同发展的难度偏大，区域间、景区间的游客和信息共享障碍多，区域合作效果不显著。

第三节 生态文化与生态旅游融合发展的对策

生态文化与生态旅游融合发展要朝着全域化、特色化、精品化的方向发展，注重延伸产业链条，采取先进的管理技术和管理方式，以"游客所需""本地所有""对手所缺"的特色旅游产品，激发游客的旅游动机，满足游客的预期，提高游客满意度。

一、提高重视程度

提高重视程度不能只停留在形式上，要在破解难题中求真务实、攻坚克难，从培树理念、发展队伍、制定规划、健全机制等方面解决生态文化与生态旅游融合发展所面临的困难和问题。

（一）培树生态文化理念

要加强生态文化和生态旅游的宣传和教育工作，打造宣传教育平台，拓展宣传教育方式，通过多种宣传形式，普及生态文化知识，弘扬生态文化，增强人们的生态意识，使其树立科学的生态观，做生态文化的建设者和传播者，形成保护生态环境、崇尚生态文明的良好社会风尚。

（二）发展壮大人才队伍

坚持"全员服务、全员导游、全员营销"，根据游客的求新、求异、求身心放松等需求，通过网络学习、培训讲座、典型示范等方式提升生态文化旅游从业人员的素质和服务能力。

发挥本地人才的带动作用。采取激发成功人士的乡土情结，出台并落实生态文化旅游投资的优惠政策以及在基础设施建设、征地拆迁、招工等方面提供支持与帮助等措施，吸引产业大户、返乡精英、本地政商学界能人等本地能人参与并投资本地的生态文化旅游建设。

发挥外部人才的带动作用。通过落实支持政策、创新合作模式、提供优惠条件，引进先进的旅游经营管理机构、旅游营销策划机构和院校的专业人才。邀请经济、社会、文化、旅游、生态等方面的专家学者指导本地区的生态文化与生态旅游融合发展，并通过他们吸引相关的人才参与本地区的生态文化旅游建设。同时，在具备条件的生态文化旅游区域建立生态文化与生态旅游融合发展研究基地，与高等院校、研究机构、旅游机构等共同打造和培养人才，做好生态文化旅游人才储备。

（三）制定实施发展规划

要根据生态旅游新业态、新产品不断涌现的现实，制定并实施生态文化与生态旅游融合发展的规划，不但要落实现有的投资、消费、土地、税收等方面的扶持政策，还要落实保障生产经营安全的措施。要充分考虑实际情况，将生态文化、市场营销的价值理念贯穿其中，指导生态文化与生态旅游融合发展，确保产品、产业具有较高的文化内涵，对发展生态文化旅游具有实际指导价值。

（四）构建多元合作机制

要构建以政府引导、企业运作、社会力量参与的多元合作机制。政府可以出台促进生态文化与生态旅游融合发展的政策，并完善公共文化旅游基础设施建设、实施区域整合营销。旅游企业、旅游机构、旅游行业组织等加强在景区、客源、运营等方面的合作，在更大的空间范围内、更广的产业体系下，发展全域旅游产业链。各类社会团体、院校、学术机构、媒体围绕本地实际，开展学术研究、决策咨询和宣传推介活动，合力推进生态文化与生态旅游融合发展。

要建立区域旅游分工协作机制和利益协调机制，避免旅游开发形成恶性竞争和利益冲突，使参与生态文化旅游发展的各方合理共享发展成果。

（五）创新运营管理机制

要转变发展思路和观念，创新管理体制和机制，推动粗放型开发向精细化运作转变。发挥市场在生态文化与生态旅游融合发展中的积极作用，开展招商引资活动，引进大型旅游企业，加大合作力度，推进旅游项目建设，改善基础设施、开发景区景点，推进具备资源开发条件、但缺乏旅游专业能力和管理水平的地区发展生态文化旅游。整合生态文化与生态旅游的资源，采用联合、重组、兼并等方式组建生态文化旅游产业集团，以更好地适应市场的需要和未来发展的趋势。

二、提高文化内涵

生态旅游提供的特色产品和服务，与生态文化密不可分。生态文化旅游融合了生态文化内涵，提升了生态旅游的品位，是生态文化与生态旅游融合发展的结果。

（一）坚持开发与保护并重

生态文化与生态旅游融合发展，要坚持开发与保护并重。开发者要顺应和满足游客的喜好与需求，将生态文化融入游客参与体验的产品和业态中，使游客在体验中珍视生态文化、自觉保护生态文化，积极参与发展生态文化旅游。

湖北恩施吸引当地居民参与土家族吊脚楼的建设与维护。吊脚楼没有完全以游客的现代生活习惯为主导，而是充分考虑了生态文化旅游所应具备的文化传承与保护功能，努力增强游客在精神和文化层面上的认同感。吊脚楼的建筑材料尽量就地取材，选择经济环保、富有建筑质感又与周围环境融为一体的建筑材料，使吊脚楼更能体现土家族的生态理念和文化内涵，为游客提供了特色鲜明的审美体验。

（二）挖掘文化名人资源

名人是文化的创造者与传承者，对名人的崇拜也是游客的普遍心理。通过名人的留存物、事迹、传记、作品等物质与精神财富，传递名人的思想和价值观念，可以使游客产生共鸣，满足游客的教育、审美、娱乐等心理需求。可以运用先进的技术手段和现代媒体呈现名人文化，使游客从多角度、多层面获得多维的良好体验。

浙江绍兴咸亨酒店发掘文化名人资源，根据鲁迅的短篇小说《孔乙己》中对咸亨酒店的描写而设计，店面布置和周边建筑、店铺等环境布局也是尽力复古。鲁迅故居附近建设有鲁迅文化广场，广场中心是鲁迅先生的铜像。湖水、河埠、乌篷船、店名等彰显着地域特色文化，使游客沉浸在鲁迅笔下的绍兴风情之中。

（三）挖掘历史文化资源

生态文化旅游产品应当蕴含丰富的知识信息，并契合人们的精神需求。古老的徽州民居保存着许多育人化人的楹联、牌匾，有的推崇孔孟之道，有的抒情言志，有的劝人积德行善，有的教人治国济世，具有很强的历史文化特色。山西晋城的皇城相府、安徽桐城的三尺巷、河南新乡的比干庙等，也都蕴含着丰富的历史文化知识，既传承了优秀传统文化，又体现出较强的文化特色。

河南信阳旅游业开发山文化、水文化、茶文化、红色文化、温泉文化、宗教文化、根亲文化，凸现历史与现实同脉、生态与人文共有的独特个性，形成了"红""绿"两大旅游品牌、十二条精品旅游线路，并围绕建设"一山一水一区"的绿色生态屏障，瞄准打造大别山北麓山地度假带和中国山地旅游休闲度假目的地，推进生态文化旅游产业快速转型升级。

（四）挖掘民俗和非物质文化遗产资源

要挖掘当地的民俗和非物质文化遗产资源，增加生态文化旅游的文化内涵，强调传统文化的当代演绎，为游客提供立体化的文化游览、情感体验，营造漫步式文化旅游。要以生态文化和生态旅游资源为基础，打造当地居民参与的民间民俗展演展示活动，建设可沉浸式体验的非物质文化遗产传习基地、展示馆、博物馆、艺术馆、风情园、工艺品制作坊等，开发活态化、可视化、互动化、商品化的民俗和非物质文化遗产旅游产品。

要加强对历史文化名城名镇名村、文物保护单位、特色村寨、传统村落、传统街区、传统民居的保护，建设特色景观、风情小镇，把特色风俗、节庆、工艺、歌舞等转化为游客喜爱的旅游产品。

（五）借助媒体传播文化内涵

信息技术创新推动产业形态深度变革，新技术、新产品、新模式不断涌现。要借助网络直播、影视剧、短视频等，挖掘生态文化旅游景区的网红潜质，打造特色打卡项目。针对不同年龄段游客的触媒习惯，广泛传播生态文化旅游景区的文化内涵，激发游客线下打卡的欲望。

甘肃省策划"全省联动，全网直播"线上线下推介活动，全面推介甘肃省46个优秀旅游示范村和23条乡村旅游精品线路。"一部手机游云南"

智慧旅游平台提供自助导游导览、线上购票、刷脸入园等智慧服务。广西"壮族三月三"文化旅游活动迁移至线上，通过广播、电视、网络、新媒体等多种平台进行宣传推广。

三、创新发展途径

根据旅游市场的需求，立足创意开发，围绕项目特色化、经营规范化、开发规模化、产品品牌化、管理标准化、设施智能化，不断推出生态文化旅游的新业态和新产品，推动旅游产业转型升级。

（一）举办文化节事活动

开展生态文化节事活动，激发游客的旅游需求，使游客参与生态文化旅游体验项目。湖南武陵山区的文化节事活动丰富多彩，土家族的社巴节，苗族的赶秋节、四月八、挑葱会等节日都极富浓郁的民族特色，节日活动中也有适于游客参与的秋千、打糍粑等多种多样的民俗体验活动。湖南怀化"三古"文化旅游节等旅游主题活动形成了旅游宣传营销热点，凤凰苗族银饰节系列活动、吉首鼓文化节活动，提升了生态文化旅游的知名度。

（二）加强特色品牌建设

旅游是传承文化的重要方式之一，充分开发生态文化旅游资源，不仅要从景点建设入手，品牌特色也尤为重要。要开发生态旅游的多样性，体现本地特色的生态文化，提高生态文化旅游产品的规模化、专业化和市场化水平。张家界利用庞大的旅游市场资源和生态旅游资源，创意开发《魅力湘西》《天门狐仙》等品牌旅游演艺产品，实现了生态文化与生态旅游的融合发展。湘西自治州出台系列民族文化保护措施，为民间艺人生活创作提供必要的支持和帮助，积极申报国家级的生态文化旅游示范区，老司城成为湖南省第一个世界文化遗产。

（三）开发产业融合型产品

根据旅游市场由规模扩张向扩大规模与提升质量并重转变的发展态势，推动生态文化旅游业与农业、工业、文化产业和服务业融合发展，打造生态农业、生态工业、生态演艺、生态街区、生态村寨等旅游项目。

泉州古城文化生态旅游度假区按照"品牌塑造、遗产保护、主客共享、全域旅游、休闲集聚"等发展原则，树立入"城"即入景、旅游即生活的理念，充分将古城的自然资源、人文资源融合起来，使泉州古城成为一道吸引外地游客的亮丽风景。

（四）打造生态文化旅游体验中心

生态文化旅游区应结合当地的生态文化特征，打造地方传统文化型、山野特色乡村型、水乡景观主导型、山区林间种养型、平原农耕代表型、滨海风情浪漫型、草原牧区代表型、民族村寨代表型、城乡过渡结合型、都市农业意境型等不同类型的集中体验中心。

安徽阜阳地区的"西湖印象"项目依托颍州西湖湿地原有的旅游基础条件，打造集人文地理、非物质文化遗产传承、休闲娱乐等于一体的文化旅游体验中心，包括文旅城、特色古镇、湿地公园、休闲茶社等。

（五）激发当地居民的积极性

要明确市场经营的主体和方式，鼓励当地居民自主经营，发挥乡村能人的积极作用，既可以采取通过转包、转让、入股、合作、租赁等方式兴办旅游企业，也可以采取"公司＋农户"、居民集资入股、集体经济组织合作经营等方式，发展生态文化旅游。同时，支持产业大户独立承包开发、大户联合开发、村居集体自主开发、建立生态文化旅游合作社等形式，推动生态文化旅游向集约化、规模化发展。

贵州省武陵山区域挖掘新市场、吸引新游客、培植新消费模式，将旅游的各个环节、各个要素全面地融入生态文化旅游，着力打造"武陵山台地、峡谷农业旅游业态""湿地生态农业旅游业态""武陵山民族农耕文化体验旅游业态""多样化的民族特色生态文化旅居业态""峡谷时尚运动和亲子旅游基地""武陵山非物质文化遗产旅游业态""互联网+旅游新业态"等八种旅游业态，激活各类资源的价值内核，为当地居民提供了大量就业岗位和致富途径。

四、加强营销推介

随着互联网和移动通信技术的快速发展与普及，生态文化旅游应进一步加强营销推介，组织创意营销活动，设计生态文化旅游精品路线，推进智慧旅游建设。

（一）调查分析游客需求

做好生态文化旅游营销的关键是调查游客的文化旅游需求以及客源地市场的需求。要分析游客的关注点、旅游吸引物的核心吸引力，并采取征集旅游体会、定向人群调查等方法，收集游客的意见和建议。

相比于传统的调查分析方法，爱尔兰旅游局的做法具有一定的启示意义。爱尔兰旅游局向全球推出"怦然心动爱尔兰"的宣传口号，并搭配了相应的旅游体验，让游客亲身体验旅游服务。爱尔兰旅游局邀请了一对从未到访过爱尔兰岛的普通已婚夫妻到爱尔兰岛旅行。这对夫妻佩戴的高科技设备可实时追踪他们在旅行途中心脏等器官的生理变化。这些数据与他们头戴的微型摄像头相连，心跳加速的反应会及时传送给摄像头，从而启动拍摄，抓拍到令他们最为心动的美景。

（二）加强多媒体营销

在电台、电视台、报刊等新闻媒体和客源地机场、车站、高速公路服务区等公共场所投放宣传广告，加强传统媒体营销。利用"互联网+"的信息传播优势，加快最新科技手段在旅游营销中的应用，抢占互联网传播阵地，加大旅游搜索引擎和分类目录的推广，提升营销传播的效率和效益。可以借助美团、微信、支付宝、抖音、快手、途牛、携程等平台打造多元的旅游营销渠道，通过社交媒体使景区成为网红景点或打卡地。同时，与线上线下平台合作推出旅游季、旅游促销等专项市场营销活动，增强生态文化旅游的吸引力。同时，生态文化旅游营销要适应人们审美心态的变化，简要、精致地展现最值得骄傲、最值得游玩、文化底蕴最深厚的生态文化旅游资源。

（三）组织旅游创意营销活动

举办旅游主题活动，可以提升生态文化旅游的知名度、美誉度。生态文化旅游可以不局限于行政区划，而实施区域联合的营销战略，整合区域内的旅游产品、线路，打造区域旅游联合体，协调区域旅游产品开发、品牌打造和整体形象塑造，形成"一个品牌、差异开发、突出特色、利益分享"的发展格局，开展高品位、高频率、高密度的整体营销。

（四）设计生态文化旅游精品路线

要在体现历史特色、人物特色、民俗特色的基础上，深层次开发物质文化遗产和非物质文化遗产，进行生态文化旅游的文化创意，设计独具当地特色的、多功能的、多选择的生态文化旅游精品路线。要对接周边主要客源市场和长线客源市场的旅游产品代理商和服务商，构建旅游线路产品销售渠道，从而构建成体系的客源市场。

根据交通格局和旅游资源分布情况，湖南武陵山片区民族特色生态文化旅游发展形成了1个带动龙头（张家界的龙头带动作用）、3个核心吸引物（土家族、苗族、侗族民族民俗特色核心）、6条精品线（土家探源酉水民族特色文化生态旅游线路、神秘苗乡民族特色文化生态旅游线路、天下侗寨民族特色文化生态旅游线路、古城古镇古村商道特色文化生态旅游线路、峰林峡谷沅澧画廊特色山水生态旅游线路、红色爱国文化特色旅游线路）的"136"的空间结构。

（五）推进智慧旅游建设

加快推进智慧旅游建设，通过移动网络媒体平台，多层次、立体化地进行生态文化旅游营销。通过网上调查、电子布告板、电子邮件、电子刊物等进行形式多样的旅游调查活动及促销活动。将旅游线路柔性设计体系与旅游产品柔性制造系统相结合，实现旅游产品的量身定做，实现"一人一线"的私人订制型旅游模式，充分满足个性化旅游的需要。同时，建立游客评价与投诉机制，动态关注游客的满意度及服务人员的工作状态。建立景区舆情监控与维护机制，通过对景区的网络舆论情况进行筛选分析，掌握游客的评价，并进行正确舆论引导与维护。

运用网络信息技术、数字媒体，提高生态文化旅游景区的信息化管理水平，加快免费Wi-Fi、智能导航、电子讲解、在线预定、信息推送等功能全覆盖，提升游客的旅游体验，提高服务质量。可以推进旅游三维全景信息系统建设，开通信息发布平台与自动360度全景导游平台，为游客提供直观清晰的导游服务。采用AR、VR等技术，提升场景互动效果，提高旅游项目的趣味性。

湖北恩施女儿城智慧旅游景区以互联网、物联网、无线宽带网等网络的多样化组合为基础，建成开放兼容、即时动态、运转高效的数据中心，推进旅游产品和服务升级，满足了游客多样化的旅游需求。

天津市以"融合、特色、智慧、趋势、创新"五大发展方向引领智慧型生态文化旅游发展。"融合"注重深入挖掘文化底蕴、非物质文化遗产技艺与旅游之间的内在联系;"特色"注重结合旅游景点品牌形象,把特色文化元素嵌入旅游环节,打造特色旅游模式;"智慧"注重结合新科技手段,不断完善提升智慧旅游设施建设;"热点"注重结合最流行、最具吸引力的方式,撬动平台流量,打造多个"来津必玩"的网红打卡地;"创新"注意建立协调机制,完善组织保障体系、健全规划。

总之,要站在经济发展取得新成效、改革开放迈出新步伐、社会文明程度得到新提高、生态文明建设实现新进步、民生福祉达到新水平、国家治理效能得到新提升的高度,推动生态文化与生态旅游融合发展,进而推动经济、社会、文化的健康、可持续发展,最终实现人民群众对幸福生活和美好未来的向往和追求。

参考文献

[1] 徐克勤,田代武,张建永,等.打造武陵山片区民族特色生态文化旅游支柱产业研究 [J]. 民族论坛,2016(1):37-51.

[2] 翁伯琦,仇秀丽,张艳芳.乡村旅游发展与生态文化传承的若干思考及其对策研究 [J]. 中共福建省委党校学报,2016(5):88-95.

[3] 蒋韬.生态足迹视野下生态旅游消费与旅游业发展协同度评价:基于西部地区省区市的比较 [J]. 中南林业科技大学学报,2017(10):139-142.

[4] 柳清清,田甜.区域文化背景下闽台生态文化旅游融合发展研究 [J]. 海峡科学,2019(9):13-15,26.

[5] 赵建春.山东传统文化与生态旅游耦合发展研究 [J]. 安徽农业科学,2019(18):132-134.

[6] 黄安民,李洪波.文化生态旅游初探 [J]. 桂林旅游高等专科学校学报,2000(3):56-58.

[7] 戎龚停. 阜阳文化旅游业中的非遗资源应用与转化 [J]. 阜阳师范大学学报（社会科学版），2020（2）：1-5.

[8] 杨艳红，李根潮，蔡意茹，等. 天津智慧型生态文化旅游发展策略研究 [J]. 城市发展研究，2020（2）：18-23.

[9] 孙云娟. 少数民族地区生态文化旅游发展：以恩施土家族吊脚楼村寨为例 [J]. 社会科学家，2020（4）：80-85.

[10] 李奕颖，刘沧山. 生态文化与生态旅游的融合与发展 [J]. 西南林业大学学报（社会科学），2020（8）：74-78.

[11] 闫春荣. 提升体验度的生态文化旅游丽水发展模式探析 [J]. 现代商贸工业，2020（27）：25-26.

[12] 唐健雄，朱媛媛. 湖南省生态旅游与旅游环境耦合协调关系研究 [J]. 中南林业科技大学学报（社会科学版），2020（2）：96-103.

[13] 段凯，李荣荣. 陕南生态文明建设水平评价指标体系构建与评估 [J]. 湖北农业科学，2021（6）：143-146.

第九章 将红色文化旅游打造成为文化旅游行业发展新增长点研究

习近平总书记多次强调,要把红色资源利用好、把红色传统发扬好、把红色基因传承好。随着红色文化旅游热的快速发展,全国各地兴起学习、研究红色文化的热潮,红色文化旅游推动文化旅游融合发展受到学术界的关注,成为文化旅游行业的研究热点。

第一节 红色文化旅游概述

自21世纪初兴起红色旅游热以来,国内红色文化旅游理论研究已取得了大量研究成果,在实践中积累了大量的发展经验、经典案例。红色文化旅游研究对于文化旅游行业发展具有重要意义,有助于各地有效适应人们对红色文化旅游的需求,有助于探索一条适合本地旅游资源开发的红色文化旅游持续、健康、高质量发展的路径。

一、红色文化概述

红色文化是中国共产党以马克思列宁主义为指导,从中国革命与建设的实际情况出发,领导中国人民实现民族独立、民族自由、民族复兴进程中形成且不断丰富发展的进步文明的总和。红色文化表现为物质、精神和制度三种形态，承载着中国共产党的革命史、奋斗史、英雄史，蕴含着坚定的理想信念、厚重的历史文化、崇高的革命精神和高尚的人格魅力，拥有超越时空的强大吸引力和感召力。红色文化具有科学性、人民性、时代性、教育性等特征，主要通过学校教育、大众传媒、红色旅游等路径传播。

红色文化以爱国主义教育和革命传统教育为主要内容，是红色文化旅游的根本，能够引导人们树立正确的价值取向。可以说，没有红色文化传承，红色文化旅游就失去了文化根基。

二、红色文化资源概述

学术界对红色文化资源的界定尚未形成统一认识，但学术界一般认为，红色文化资源是指中国共产党领导中国人民在革命战争年代开展了一系列革命活动后形成的可被人民群众开发利用的物质形态、信息形态、精神形态的红色文艺作品、红色遗址旧址、革命纲领、红色精神等历史遗存。红色文化资源具有文化资源的共性，也具有红色文化的特质，还具有政治、经济、文化、教育、艺术、生态价值。

学者张泰城提出，红色文化资源是红色、文化、资源的有机结合，红色是指中国共产党和中国人民在革命战争时期所创造的一系列资源，文化是指形成的制度文化、物质文化、精神文化，资源是指红色文化具有可以被开发利用的资源属性。张泰城在《论红色文化资源的分类》中提出，依据"以主题分类为主，兼顾学科的原则"，将红色文化资源分为由"红色旧址""红色器物""红色文献""红色人物""红色事件""红色文艺""红色建筑""红色精神""红色研究""红色创作"等10个基本大类组成的红色文化资源分类体系。

学者渠长根、闻洁璐对红色文化资源的分类也具有较强的代表性，在论文《红色文化资源研究综述》中提出,红色文化资源分为"遗址遗迹""建筑与设施""人文活动"等三大主类,"社会经济文化活动遗址遗迹""综合人文旅游地""单体活动场馆""景观建筑与附属型建筑""居住地与社区""归葬地""人事记录""艺术"等八大亚类,"历史事件发生地""军事遗址与古战场""文化活动场所""展示演示场馆""碑褐(林)""名人故居与历史纪念建筑""陵区陵园""人物""事件""文学艺术作品"等十种基本类型。

三、红色文化旅游研究的现状

红色文化旅游是极具中国特色社会主义特征的,国外没有完全与之相对应的概念与研究。国外对于红色文化旅游的研究主要是对红色文化旅游活动的研究以及相关文化旅游产业发展的研究。

梳理文献发现,关于红色文化的研究较早见于刘欣文于2003年10月1日在《中国文化报》发表的文章《河北"红色文化"研究有新收获》。关于红色资源的研究较早见于谭冬发、吴小斌在2002年第7期《老区建设》发表的论文《"红色资源"与扶贫开发》。关于红色文化资源的研究较早见于彭央华、项波在2003年第6期《南方冶金学院学报》发表的论文《利用江西红色文化资源培育大学生民族精神的思考》。

2013年7月,教育部、中共中央党史研究室联合设立了8个"中国共产党革命精神与文化资源研究中心"。设立在井冈山大学的研究中心于2015年创办学术期刊《红色文化资源研究》,设立在赣南师范大学的研究中心于2016年创办学术期刊《红色文化学刊》,为红色文化资源的深入研究搭建了稳定的、高水平的学术平台。

随着专家学者对红色文化旅游的研究逐渐深入,涌现出了很多优秀的研究成果。总体上看,大部分成果是针对某一特定区域、某一特定红色文化资源开发利用的专题研究，或者是由价值精神、资源建设、要素融合、保障措施等方面解读红色文化旅游发展启示、建议，而结合新形势、新任务，针对红色文化旅游的发展定位、路径选择的综合研究较少，还存在很大的研究空间，需要持续深入研究。

第二节　发展红色文化旅游的实践

开发、整合红色文化旅游资源，发展红色文化旅游，推进红色文化旅游高质量发展，对于传承红色文化、推进文化旅游产业快速发展、增强经济发展动力、提升城市文化活力具有重要意义。

一、发展红色文化旅游的意义

（一）政策引领红色文化旅游发展

《2004—2010年全国红色旅游发展规划纲要》提出了发展红色旅游的重要意义、总体思路、总体布局、主要措施。《2011—2015年全国红色旅游发展规划纲要》提出了全国红色旅游发展的指导思想、基本原则、发展目标、主要任务、主要措施，对进一步加快发展红色旅游具有重要指导意义和重大现实意义。《2016—2020年全国红色旅游发展规划纲要》从总体要求、主要任务和组织保障三个方面对发展红色旅游发展作出了部署，贯穿了新理念、规划了新路数、确立了新目标、推出了新举措，有突破、有重点、有抓手。

2021年，红色文化旅游发展的政策导向更加清晰。国务院印发的《关于新时代支持革命老区振兴发展的意见》中提出，建设红色旅游融合发展示范区，《"十四五"文化和旅游发展规划》中明确要求"促进红色旅游与乡村旅游、研学旅游、生态旅游融合发展。《关于促进民航业与红色旅游深度融合创新发展的指导意见》中提出，将推出差异化、个性化的红色旅游产品。《长征国家文化公园建设保护规划》确定了首批长征"文旅融合示范区"创建单位。文化和旅游部等四部门联合推出覆盖三个主题大类的"建党百年红色旅游百条精品线路"。国家发展改革委推出一批红色旅游发展案例。这些政策和措施对红色文化旅游发展进行了顶层设计，精准传递出"十四五"时期红色文化旅游横向整合资源、纵向链接发展的导向。

（二）红色文化旅游发展势头强劲

在推进红色文化旅游发展的过程中，全国各地不断创新打造"红色+"复合型红色文化旅游产品，并通过融合非物质文化遗产、演艺、特色民俗等资源，推出大量深度体验型红色文化旅游产品，为红色文化旅游发展注入强劲文化动能。2021年，涌现出了一批红色旅游融合发展的新产品、新模式，江西赣州方特东方欲晓主题公园推出红色旅游与前沿科技融合的互动体验项目；陕西延安红街推出红色文化旅游与文博展陈融合的红色记忆馆、艺术馆、博物馆、蜡像馆等；山东临沂推出红色文化旅游与艺术表演融合的文献史诗沉浸剧《沂蒙四季·红嫂》；等等。这些红色文化旅游产品增加了红色文化旅游发展的厚度，拓宽了红色教育的广度，吸引了游客的关注和参与。

（三）发展红色文化旅游有利于增强文化软实力

红色文化作为革命文化的重要组成部分，承载着国家的文化价值观念，是国家文化软实力的重要组成部分。发展红色文化旅游可以有效传承红色文化，有效保护红色文化遗存。红色文化旅游可以向人们传播先进文化，提高人们的思想道德素质。红色文化景区、红色文化体验活动传承、发扬的理想信念、爱国情感、革命精神，有助于社会主义核心价值观，加深人们对红色文化的正确认识，引导人们树立正确的世界观、人生观、价值观。

（四）发展红色文化旅游有利于增强经济发展硬实力

由于红色文化旅游目的地大多位于中部地区，发展红色文化旅游有利于促进中部地区的经济社会发展。加快发展红色文化旅游，将红色文化旅游资源、人文历史资源、自然生态资源转化为经济发展动力，能够促进产业结构优化，带动地方经济发展，提高红色文化旅游区域人民群众的生活水平。

（五）发展红色文化旅游有利于增强城市的影响力

红色文化见证城市的发展历史，是城市的灵魂和精神底色，已成为许多地方的文化标志。深入挖掘城市的红色文化，打造其独特的红色文化名片，能够突出城市的文化特征，彰显城市的魅力。

（六）发展红色文化旅游有利于增强人民群众的向心力

红色文化的历史价值和人文内涵，是中华民族的精神财富，是对中华优秀传统文化的继承和发扬。红色文化旅游传承、发扬红色文化，展现中国共产党领导中国人民实现繁荣富强的历程，使参与者重温党的历史，自觉接受马克思主义的洗礼，坚定理想信念。红色文化旅游具有广泛的群众基础，不但可以增加人民群众的获得感和幸福感，而且提升了人民群众的凝聚力和向心力。

二、红色文化旅游发展存在的短板

近年来，红色文化旅游发展取得了积极进展，收获了良好的社会效益和经济效益。但是，在红色文化旅游发展的过程中，也存在着一些短板。

（一）发展理念滞后导致红色文化旅游发展动力不足

由于区域经济社会发展的差异，不同区域发展红色文化旅游的资源条件、总体思路、具体措施存在很多不同。有的区域缺乏与时俱进的发展理念，红色文化旅游发展的定位、蓝图不清晰，无法合理规划与建设红色文化旅游产业链条，导致红色文化旅游的各种资源、要素没有发挥应有的作用，红色文化旅游的知名度、经济效益较低。有的红色文化旅游景区以观光为主，仍然采取单一与分散的展览方式，无法有效吸引游客。有的红色文化旅游产品开发水平低，没有成功打造独具特色的红色文化旅游品牌，无法满足游客的多样化需求。

（二）文化内涵挖掘不充分导致红色文化旅游产品同质化

红色文化内涵是红色文化旅游发展的重要特征和优势。有的地区对当地红色文化资源缺乏了解，也没有对红色文化内涵进行深入挖掘，导致无法充分发挥红色文化旅游的文化优势。不少红色文化旅游产品重形式、轻内涵，对资源的开发形式不够丰富，存在不同红色景区以类似主题进行独立展示的同质化现象。红色文化旅游产品同质化、功能单一，造成客流分散、游客黏性不够，导致红色文化旅游的感染力、吸引力降低。

（三）资源开发利用不充分导致红色文化旅游业态单一

红色文化旅游资源开发与利用意识不足，对红色文化旅游资源缺乏合理的开发与利用，导致资源过度开发或开发力度不够。由于无法有效地将红色文化旅游资源打造成为红色文化旅游产品，使红色文化旅游资源特有的红色文化内涵没有发挥其应有的功能与价值。有的红色文化景区缺乏创新性和独特性，特征趋同，还停留在初级静态展示阶段，没有很好地展现地域性红色文化的特色及精神，游客体验的内容都较为相似，游客满意度偏低。

（四）资源融合不充分导致红色文化旅游产业集群效应不明显

发展红色文化旅游需要坚持一体化发展的思路，统筹区域内各类文化旅游要素，最大限度发挥红色文化旅游集成集群效应。有的地区开发红色文化旅游产品时，存在主题单一、旅游要素分散、跨度较大、红色文化旅游与其他业态融合发展力度不够的问题，文化旅游产业链没有得到有效延伸。个别红色文化纪念地由于地域、自然景观等条件的限制，没能有效整合周边的资源，没有很好地构建起红色、人文、生态一体化的旅游景区。

（五）传播手段应用不充分导致红色文化旅游吸引力不强

面对媒体传播的快捷化、多元化发展现状，红色文化旅游发展面临着与以往不同的机遇和挑战。有的红色文化旅游机构对数字媒体的运用不充分，沿袭景点观光、导游讲解等单一形式，过多拘泥于传统的文字图片介绍，没有紧跟科技发展的形势运用VR、AR等新技术还原历史、感知历史、溯源历史，没有运用数字媒体形成红色文化全感官体验。有的红色文化旅游景区宣传推广策略单一、缺乏创意，推广媒介覆盖面比较窄，全方位的立体传播有待加强。

第三节 将红色文化旅游打造成为文化旅游行业发展新增长点的对策

发展红色文化旅游，要围绕政策导向和形势变化、发展趋势，充分借鉴现有成功经验，弥补发展短板，以全域旅游的理念，以市场化的措施，将红色文化旅游资源保护好、开发好、利用好、宣传好，打造能够"吸引人、留住人、带来人"的红色文化旅游产品，形成新的增长点，带动文化旅游行业整体健康、有序发展。

一、加强对红色文化旅游资源的保护

红色文化旅游以红色文化旅游资源为吸引物。红色文化旅游资源具有独特的吸引力，是发展红色文化旅游的前提和基础，对于丰富文化旅游产品体系、延长文化旅游产业链具有重要意义。

（一）掌握红色文化旅游资源的情况

红色文化旅游资源是开展红色文化旅游的基础。大量学者在针对某一区域发展红色文化旅游的研究中，都对该区域的红色文化资源进行了调研和详细梳理，为发展红色文化旅游提供了翔实的资源调查分析。

蒋博文在论文《济南市红色文化旅游传播的路径探究》中对济南市的红色文化旅游资源进行了梳理。他提出，济南作为"英雄之城"，其特有的红色文化旅游资源主要包括：济南战役纪念馆、济南解放纪念阁、莱芜战役纪念馆等重大历史事件类红色文化旅游资源；中共山东省委领导机关纪念地、中共山东省党史陈列馆、中共济南乡师支部旧址等旧址、故居、石碑类红色文化旅游资源；王尽美、邓恩铭、许世友和峻青《黎明的河边》、王愿坚《党费》等红色人物和红色文学类红色文化旅游资源。

（二）加大对红色文化旅游资源的保护力度

红色文化旅游资源是发展红色文化旅游的基础资源条件。要加大对红色文化旅游资源的保护力度，合理利用、有序开放，确保红色文化旅游资源的真实性和完整性。

红色文化旅游景区建设是保护红色文化旅游资源的重要方式。截至

2021年，国家颁布的《全国红色旅游经典景区名录》包含经典景区300处、重点红色旅游城市18个，并在此基础上，培育形成浙沪红色旅游区、湘赣闽红色旅游区、左右江红色旅游区等"重点红色旅游区"12个、"红色旅游精品线路"30条，初步实现了全国红色旅游资源的融合发展和协同管理，红色景区体系日臻完善。

多地通过立法，加强对红色文化旅游资源的保护。如2018年3月1日起施行的《龙岩市红色文化遗存保护条例》，分为"总则""调查认定""保护管理""合理利用""法律责任""附则"等六章，明确了福建省龙岩市红色文化遗存保护的具体要求和措施。

要不断推进科学化、规范化保护红色文化旅游资源。保护工程实施前，要详细调研，编制相关方案，经过严谨论证后再组织实施。贵州土城编制完成《土城镇历史街区保护修复设计方案》，对红色历史遗迹、古镇建筑实施重点保护，完成四渡赤水纪念馆、中国女红军纪念馆提升改造，实施管网入地、石板街修复、重点建筑复原、民居修缮等工程，配套实施亮化、绿化、美化工程，保护古镇原有历史风貌，游客和居民的满意度显著提升。

（三）挖掘红色文化旅游资源的内涵

挖掘红色文化旅游资源的内涵是开发红色文化旅游资源的必要措施。要立足科学、合理的开发理念，准确定位红色文化旅游资源的时代价值、历史价值、艺术价值、科学价值、教育价值和商业价值。

河南省积极整合全省红色文化旅游景区资源，实现对红色文化旅游景区的统一规划部署，促进红色旅游景区的可持续发展，如大别山鄂豫皖苏区革命博物馆、太行山时代精神博物馆等深入挖掘河南红色文化，结合红色文化旅游发展的规律，设计出了具有吸引力的红色文化旅游产品，带给了游客较强的震撼力。

（四）整合红色文化旅游资源

发展红色文化旅游，要针对各地不同的文化旅游产品类型进行因地制宜的开发，利用各种形式和手段充分挖掘现有旅游资源的文化禀赋。要坚持丰富性、集中性、规模性，充分发挥旅游优势，将红色文化旅游资源与当地特色的民族文化、历史文化相融合，打破地域限制，防止急功近利、无序开发，推动可持续融合发展。

陕西华清宫景区的以"西安事变"为题材的实景演出《12·12》，结合电影艺术和戏剧艺术，通过全景展示、全息声学系统、全方位舞美设计，再现"西安事变"历史原貌，为游客呈现了一幅惊心动魄、波澜壮阔的历史画卷，通过利用先进技术，创新讲述红色故事，到景区参与红色旅游的年轻人明显增多，游客数量也有增长。

重庆依托红色文化旅游资源发展文化旅游产业，探索"文化＋旅游＋产业"发展模式，形成以红岩文化旅游产业为龙头，集教育培训、展览展示、文化演艺、影视制作、文化产品研发销售于一体的产业链条。同时，以红岩旅游为主线，以各景区为点位，联动磁器口古镇、李子坝抗战遗址公园等资源，将红色旅游与民俗风情旅游、历史文化旅游紧密结合，形成文化旅游发展合力，带动当地经济社会发展。

（五）红色文化旅游发展与地域特征相结合

红色文化旅游的发展不是孤立的，要与地域特征相结合，融合名胜古迹、古村落、古遗址、自然山水、民族、民俗等物质文化遗产、非物质文化遗产以及当地的特色物产，打造富有地域特色的红色文化旅游产品，与民俗游、乡村游、生态游、休闲游、健康游等深度融合发展。

四川首批天府旅游名县——四川省广安市广安区，以实现游客休闲体验需求为导向，依托邓小平故里旅游区加强伟人故里、红色旅游胜地建设，走出一条"旅游名县+产业"的高质量发展之路，带动周边全域化提升，擦亮十大土特产品牌，带动当地经济发展。

云南省善洲林场充分挖掘"绿色"生态产品和"红色"文化资源的价值，推动红色资源、绿色生态与特色产业的融合，积极发展生态养殖业、林下种植业、特色林果业，配套发展特色无公害农产品加工业、电商产业，促进了农业产业结构调整，提高了区域农业总产值，打通了红色文化、生态产品价值实现的渠道。

二、更新红色文化旅游发展理念

要通过制度设计合理规划红色文化旅游发展，培育人才队伍，拓宽合作渠道，深挖市场潜力，有效整合区域间、景区间的特色旅游资源，将人文优势转化为产业优势，促进红色文化旅游可持续发展。

（一）合理编制红色文化旅游发展规划

要按照"宜融则融、能融尽融"的融合发展思路和红色文化旅游发展的政策导向，结合当地的红色文化旅游资源、地域特色文化旅游资源和行业发展实际，配合国家文化公园、全域旅游示范区等重大文化旅游项目建设，加强红色文化旅游融合发展的规划编制、政策设计，明确当地红色文化旅游发展的总体思路、具体举措等。

2007年出台的《临沂市红色旅游总体规划》将沂蒙红色文化三大主类、十大亚类、200余个景点进行整合，是全国第一部地市级的红色旅游专项规划。《山东红色旅游发展纲要》确定了"一个核心、四个区域、一条主线和七条精品线路"红色旅游发展重点，将"济南—济宁—枣庄—临沂"统一列入了全国红色旅游的精品线路。江西赣州市政府编制的《赣州市发展全域旅游总体规划》《红色旅游区专项规划》为开发、利用红色旅游资源提供指导方向。

（二）培育红色文化旅游人才队伍

高校的旅游专业可以开设红色文化旅游专业课程，培养高层次人才。其他类型的学校可以将红色文化旅游教育纳入课程设置，在校园普及红色文化旅游知识。通过基础教育、职业教育和各类技术培训，全面提升红色文化旅游从业人员的综合素质。

吸纳红色文化旅游相关单位、行业机构、科研院所、民间组织等的专家学者和资深从业人员组建红色文化旅游专家库。通过专家之间的思想碰撞、头脑风暴、合作协作，开展资源挖掘、课题研究工作，挖掘红色文化旅游资源，判断行业未来的发展趋势，谋划行业发展的方向和前景，为红色文化旅游发展提供智力支撑。

遵义市红色旅游集团聘请遵义历史文化研究会、遵义长征学学会的专家和遵义红色旅游策划专家等共10余名专家组成红色文化专家库，共同探索如何将红色文化培训打造成富有遵义特色的全国知名品牌。

（三）推进红色文化旅游与各类产业融合发展

发展红色文化旅游要注重不同产业形态的融合，深入推进红色文化旅游与各类产业融合发展。坚持"红色文化旅游+"理念，依托全域旅游深入挖掘自然生态资源、民俗旅游资源、乡村旅游资源，以红色文化旅游促进各类产业发展，发挥集群效应，延展红色文化旅游产业链。

安徽小岗村立足红色文化旅游资源优势，科学规划、合理布局，形成"旅游+农业""旅游+教育""旅游+电商""旅游+文化"等四大产业格局，构建了以大包干纪念馆、沈浩纪念馆等为重点的融红色旅游、现代农业观光游、农家乐游为一体的小岗乡村休闲农业与乡村旅游景区，促进了产业融合发展。

云南省文山州麻栗坡县紧紧抓住推动旅游产业大发展的机遇，精心打造"英雄老山圣地"旅游名片，整合红色文化旅游资源与清凉洞岩溶地貌、老君山原始森林、老山梯田等绿色生态旅游资源，推出红色生态旅游产品。

（五）吸引社会力量参与红色文化旅游项目

要统筹行业规划与资源整合开发，大力开展招商引资工作，吸引社会力量参与红色文化旅游项目。要持续优化营商环境，降低文化旅游准入门槛，完善旅游经营机制，提供人力、技术、资金等方面的支持，激发多元主体参与发展红色文化旅游的积极性和创造性，促进红色文化旅游的横向拓展和纵向延伸。

被誉为"天下侗乡第一县"的贵州省黎平县是国家级风景名胜区、侗族大歌世界非物质文化遗产核心保留地。黎平县依托丰富的红色文化、侗族文化、生态文化，实行侗族文化、红色文化资源引领自然风光资源多重发展的思路，大力发展全域旅游，引领县域经济社会高质量发展。黎平县采取"公司＋合作社＋订单"模式，以销定产、产销对接。吸引彦婷手工刺绣坊、定八民族服饰手工刺绣等传统手工艺企业与专业合作社合作建立旅游文创产品生产基地，带动织娘、染娘、绣娘加入合作社，开发的旅游文创产品收益可观。

湖南湘潭韶山打造毛氏菜系，培育中国名菜、中华餐饮名店，建成房车露营地和梦稀乡宿、远方的家等中高端特色民宿，引进维也纳、雅斯特等品牌连锁酒店，并建成红色记忆城等特色街区以及特色美食城、电影院、图书馆、文艺馆等，为市场主体提供了多元发展的平台和机遇。

山东古田旅游区注重特色小镇建设，打造了古田（吴地）红军小镇、古田苏家坡民俗小镇，推进了古田竹岭研学小镇、古田大吴地绿色小镇建设。特色小镇的发展迅速带动了古田当地餐饮、住宿、交通、商贸等行业的发展，吸引了大批企业入驻小镇，丰富了红色文化旅游服务业态，提供了大量就业岗位，景区呈现欣欣向荣的景象。

三、创新红色文化旅游发展模式

要放宽视野，围绕"吃、住、行、游、购、娱"的传统旅游六要素和"商、养、学、闲、情、奇"的新旅游六要素，创新红色文化旅游发展模式，深入开发覆盖各种业态的红色文化旅游产品，带动社会经济全面发展，实现社会效益和经济效益的协调统一。

（一）开发红色文化旅游文创产品

文化创意是依靠创意者的智慧与技能，借助现代高科技手段，通过提升与再造现有红色文化旅游资源，开发出有高附加值的文创产品。通过开发红色文化旅游文创产品，提升红色文化旅游的文化品位与内涵，促进各类相关的市场主体的健康发展，提升游客的满意度、获得感。

当下，红色文创产品开发进一步发展，在内涵挖掘、产品设计、营销推广等方面取得明显突破。2021年7月，文化和旅游部组织开展全国红色旅游创意产品和红色旅游演艺创新成果征集展示活动，在全国4000多件（套）红色旅游创意产品中精选红色旅游文创纪念品、手工艺品、家居用品、办公用品、户外用品等五大类300多件（套）进行展出，在110部红色演艺剧目中精选《黄河大合唱》《草原英雄小姐妹》《兵团记忆》等17部优秀作品进行展播，并在义乌文化和旅游产品交易博览会集中亮相。

充满创意的红色文创已成为新的红色旅游消费热点。中共一大纪念馆文创商店推出了"望志路106号"冰箱贴、"树德里1921"AR矿泉水、"1921—2021"帆布袋等兼具时尚元素、红色文化的文创产品，并联手上海老字号品牌推出了光明小红砖·草莓芝士味冰激凌限定款、大白兔奶糖、国际饭店蝴蝶酥伴手礼等文创产品。

北京香山公园结合历史，以香山红叶、皇家园林为主题，开发了多种特色文创产品。特别是，香山八处革命旧址正式对外开放后，红色文创成为香山公园传承红色基因、讲好红色故事的重要载体，红鱼、红亭系列文创产品受到游客热捧。

红色文化旅游文创产品开发既要形成体系，也要加强对知识产权的保护。天津市文创产品试点单位——平津战役纪念馆，研发"为了和平""平津战史""全民国防""学生用品"四大类文创产品，每个系列又分为工艺品摆件类、文具类、生活用品类、明信片类、纪念币类等，种类繁多，特色鲜明。

（二）打造红色文化旅游品牌

发展红色文化旅游，要坚持市场化导向，充分了解游客的文化旅游需求与心理预期，注重培育品牌，发挥品牌效应。要着力拓展红色文化旅游阐释空间，赋予其深厚的人文内涵，科学、合理布局、设计红色文化旅游景点与旅游路线，通过有效整合不同旅游方式达到规模效益，满足游客不同层次的文化旅游需要。

新疆石河子市着力打造"共和国军垦第一城""新疆红色旅游首选地"品牌，以景区、景点、星级酒店、农家乐为核心，以旅游宣传、产品营销为路径，以招商引资、项目建设为抓手，以脱贫攻坚促进就业为重点，打造人人都是旅游形象、处处都是旅游景点的高颜值城市。

小村庄也要擦亮红色文化旅游品牌。延边朝鲜族自治州汪清县红日村是第二批全国乡村旅游重点村、吉林省第一批省级乡村旅游重点村。红日村将"四同教育"和象帽舞民俗展演融入"红日游"，并精心设计了"红日饭"，吸引了大批游客，带动了民宿业和餐饮业发展。

知名红色文化旅游资源是重要的品牌，要加以保护。陕西延安南泥湾开发区聚焦"南泥湾"品牌，成立南泥湾品牌战略发展有限公司，按照市场化模式对"南泥湾"品牌和"南泥湾"全系商标进行统一研发、保护和利用，努力打造一批叫得响的"南泥湾"品牌。

（三）培育红色文化旅游基地

发展红色文化旅游要充分挖掘、利用红色文化场馆、遗址、历史资料、人物传记等红色文化旅游资源，培育红色文化旅游教育基地。

四川绵阳的中国两弹城景区建有"两弹"历程馆、三防教育馆、"两弹"模型馆等，适应游客红色旅游、休闲度假、怀旧体验、拓展训练的需求，打造了红色文化研学旅游、演艺文化旅游等旅游产品，吸引游客纷至沓来。

辽宁省抚顺市雷锋纪念馆建设了雷锋党员活动中心、雷锋驿站、雷锋书屋、雷锋警务室、雷锋文化园等十个雷锋系列服务平台和文化景观，使游客深切体验雷锋文化。雷锋纪念馆园的"永恒·雷锋故事"文创店，以雷锋、雷锋精神、纪念馆馆藏资源为元素，研发了"永恒·雷锋故事""你的样子""丰碑""不朽""永恒之树""奉献之光"等六大主题雷锋文创产品，并研发了具有抚顺地域特色的"城市印象·抚顺""飞龙启运"系列文旅IP衍生品。抚顺雷锋学院开展"理论专题+现场教学+互动体验"的短期培训教学，与多家高校、企事业单位签订共建共育协议，成为深入开展新时代学雷锋活动的重要载体。

湖北黄州陈潭秋故居纪念馆采取"故居+基地"的模式，积极开展馆校合作，与武汉铁路职院、黄冈师范学院、黄冈职院、黄冈实验小学等大中小学建立共建关系，高水平建设爱国主义教育基地，开展宣教活动，大批学生前来参观学习。在"五四""六一""七一""十一"等重要纪念日，众多大中小学生在这里举行升旗、入党、入团、入队仪式，铭记历史，缅怀先烈。

红色文化旅游基地既要注重社会教育，又要注重学术研究。中共三大会址纪念馆重视研究和人才培养，开发品牌教育项目，是国家级爱国主义教育示范基地、廉政文化教育基地、中小学生研学实践教育基地、关心下一代党史国史教育基地。纪念馆设立的中共三大研究中心在中共三大与大革命运动研究领域具有权威性、代表性。

（四）构建红色文化旅游圈

开发红色文化旅游资源要高点谋划，长远布局，打破地域界限，通过整合周边资源，将自然生态景区、历史文化景区、地方民俗景区以及各类景观、文化旅游场馆融入红色文化旅游线路，形成区域优势互补，将红色文化旅游由"单一孤景"变成"多样群景"，形成红色文化旅游圈，延展旅游线路，延长游客逗留时间。

山西省与周边省市优势互补，打造"大院文化""尧都历史""关口逸事"旅游圈，形成跨区域旅游网络。江西、湖南两省旅游部门于2018年发起成立"中国红色文化旅游推广联盟"，组建了"韶山、井冈山旅游战略合作联盟"，推出了湘赣边区域合作示范区乡村振兴红色文化旅游经典线路，吸引更多游客观光游览、休闲度假。

赣州、遵义、井冈山、延安、桂林、龙岩等地开展区域合作，串联红色文化旅游精品线路，举办了"不忘初心、牢记使命"遵义、延安、赣州长征文化旅游推介会、"庆祝中华人民共和国成立70周年赣州遵义红色美术作品巡展"等活动，推进区域间互联互通。

井冈山注重区域协调发展，推进与萍乡市秋收起义系列景点和赣州市、抚州市中央苏区革命根据地等红色景区的合作，努力打造"环井冈山旅游经济圈""大井冈山旅游经济圈"，实现互利共赢。

（五）打造红色文化旅游精品线路

要整合精品红色文化旅游资源，打造精品旅游线路，增强红色文化旅游的影响力和吸引力。文化和旅游部于 2021 年 5 月，推出"建党百年红色旅游百条精品线路"，涵盖红色历史、大国重器、乡村振兴三大主题 758 个景区，越来越多的游客沿着精品线路走进红色圣地。

文化旅游专项规划可以合理布局旅游线路。《河南信阳大别山红色旅游专项规划》确立了"苏区首府、将军故乡"的发展定位和"一轴三带四路八区"红色文化旅游发展总体布局，提出"将军故乡""红军长征""江淮抗战""千里跃进"等四条红色旅游精品线路。

打造精品红色文化旅游线路要带动沿线区域经济社会全面发展。广西百色田东县按照打造全国革命传统教育基地、全国现代农业休闲观光基地、古人类科普教育基地、地质奇观体验探险基地的定位，将右江工农民主政府旧址、百谷红军村、红军码头、那恒村、真良村、巴麻红军村等作为主要节点，充分整合文化旅游资源，将红色文化旅游与古色文化旅游、自然山水生态旅游、现代农业观光旅游、少数民族风情旅游、工业旅游、乡村旅游相结合，规划设计田东"红带绿"文化旅游线路 8 条，培育红色旅游新热点。

要利用精品线路促进沿线区域文化旅游业服务能力和水平的提高。西藏推出的首条复合型"拉萨—鲁朗—波密—巴松措"精品红色线路，促使沿线区域挖掘红色旅游资源，推进各类文化旅游产品融合发展，丰富红色旅游产品体系，提升基础设施建设，深化红色旅游经典景区、精品线路、重点旅游区建设，文化旅游业发展再上新台阶。

要以融合创新为突破口，不断更新红色文化旅游产品和服务。山西大同以平型关大捷纪念馆为核心，推进平型关国家有机农业园和平型关大捷遗址沿线红色风貌旅游区建设，并通过建设旅游专线，有效串联唐河沿线的景点、文物古迹、有机社区、特色村落，覆盖 20 多个乡村旅游景点。

精品线路不能局限于一城一地，要将同一主题的红色文化旅游资源串联起来。贵州赤水串联红色旅游区（点）50 余个，打造红色旅游精品线 3

条,并推动与遵义、黎平、通道、仁怀、泸州、重庆、广安等红色文化旅游区域组合连接,形成以"重走长征路,再渡赤水河"为主题的红色旅游线路。

四、提高红色文化旅游体验质量

要打造高质量、高品质的旅游产品,强化红色文化旅游体验,开展各类文化旅游活动,充分调动游客的兴趣,满足游客求新、求奇、求知的体验需求,使游客获得更加强烈、深刻的心灵震撼和精神感悟。

(一)完善提升红色文化旅游服务设施

要改善红色文化旅游区域的道路交通、供水供电、市容市政、自然环保、通信网络、应急救援等条件,提升公共服务质量,完善餐饮、住宿、购物等配套服务设施。

完善提升文化旅游服务设施,使游客能够享受优质、便捷的服务,提高游客进行红色文化旅游的积极性。黄州区不断推进陈潭秋故居建设,先后建成宣誓广场、陈潭秋故居、红色植物园、铜像广场、黄州区廉政教育馆等红色景点,完善景区的旅游公路、展陈场馆、游客服务中心、旅游厕所、供电供排水管线、消防安防设施等基础设施,受到游客欢迎。

要按照大景区的思路,加强文化旅游基础设施建设。嘉兴南湖旅游区以品质提升为抓手,加强景区基础设施建设,完善升级水路。实施航道外移、沿线建筑外立面改造等工程,新建、改建景观石拱桥7座,设置游船码头10处,新购、装修各式游船20余艘,形成具有江南水乡特色的旅游交通体系。开通"上海—嘉兴"红色旅游专线,开通高铁站接驳公交线——71路红色旅游专线,在城市主要节点开通了22处为外地游客服务的公共自行车租赁点。同时,完成了以"月影古韵"为主题的月河片区整体亮化改造，配合"绿城花海"行动，提升景区、街区的部分景观环境，"扮靓"南湖旅游区环境。

便利的交通条件是吸引游客到访的重要因素。湖南湘潭韶山实施游客换乘，高铁、高速无缝对接，配套乡村旅游风景道、城市绿道、健身步道、滨水步道和全域旅游标识导引系统，形成"高速＋高铁＋公交＋换乘＋慢行"的高效旅游交通网络。全程22公里的"繁森号"定制公交专线是山东省聊城市首条红色文旅公交专线，将孔繁森同志老家五里墩村与孔繁森同志纪念馆以及沿途红色文化资源有机串联、整合，形成了孔繁森故里旅游联线。

（二）开展红色文化旅游体验活动

红色文化旅游的本质就是一种文化旅游体验，游客体验的质量越高，满意度也越高。要打造沉浸式体验，增强游客的"共情能力"，使游客变为红色文化的"参与者"，激发游客对红色文化旅游的兴趣。贵州四渡赤水纪念馆借助新技术，推出红军四渡赤水电子动态地图、情报体验区、渡口体验场景，并推出线上展览、语音导览及宣传教育活动，丰富了游客体验。

红色文化旅游不能只有博物馆、纪念地的观光式、教育式游览，还要有沉浸式体验。可以通过科技手段再现历史场景，使游客身临其境，也可以使游客通过角色扮演进入特定的模拟情境中，获得真实的感受。在闽西红军出发地旧址的红军长征园，游客可以穿草鞋和红军服，吃红米饭、喝南瓜汤，体验红军长征的艰辛。

借助体验性强、动手与动脑相结合的体验活动，游客可以获得更多参与感、新鲜感。北京马栏村"红色马栏"沉浸式爱国主义教育基地的特色体验项目以马栏村为舞台，提供穿八路军军装、行军拉歌、练习大刀术、纳鞋底、纺线、碾军粮、为八路军战士送绿豆汤等体验场景，使游客体验战争年代的艰辛与困苦，感受当年的军民鱼水情。

丰富服务内容、活跃服务方式也是提升游客体验的重要措施。宁夏将台堡红军长征会师纪念园以优化环境为前提，增添新亮点，丰富内容形式，提升服务水平，在接待服务中增添微党课、快板、抖音直播、红色影院、红色课堂、红色书籍阅览等愉悦性、趣味性的内容，使游客在体验式环境氛围中参观旅游、感悟历史。

（三）开展红色文化展示活动

博物馆、纪念馆、图书馆、文化馆（站）等公共文化场馆以及各类新型公共文化空间要实现由"功能性、景观化、特色化"向"主客共享"发展模式的转变，开展红色文化展览展示活动，以有效提升公共文化服务的效能。

在庆祝中国共产党成立100周年之际，河北各地的博物馆、纪念馆举办了大量红色题材的文物展览。在河北省文物局主办的"红色热土 英雄河北——庆祝中国共产党成立100周年"河北省红色题材展览十大精品推介活动中，《"英雄的土地 辉煌的历程"——庆祝中国共产党成立100周年河北党史图片档案文献展》等10个展览入选推介精品展，《从石库门到天安门——庆祝中国共产党成立100周年特展》等10个展览入选优秀展，扩大了河北省红色题材博物馆、纪念馆的品牌影响力。

要运用先进技术手段，不断优化红色文化旅游展示形式。辽宁抗美援朝纪念馆经过多次修缮、扩建，运用数字、多媒体、声光电等现代技术手段，展示革命文物的深刻内涵，展出的文物由1000余件增至近2000件，展出的珍贵历史照片由700余幅增至1000余幅，全面、真实、客观地反映了抗美援朝战争的历史。

（四）开展红色文化教育活动

红色文化旅游不仅是一种旅游模式，也是红色文化传承的重要方式和媒介。红色文化旅游景区应丰富红色教育活动的形式，根据游客流量情况，不定期地开展红色文化教育活动。全国红色旅游经典景区——西柏坡，推出重走进京"赶考"路"六个一"活动（敬献一次花篮、重温一次入党誓词、看一部电影、听一次讲座、参观一次廉政展览、看一次西柏坡精神情景报告会），既弘扬了西柏坡精神，又增强了西柏坡的吸引力。

刘少奇同志纪念馆以精品打造红色教育品牌，推出"缅怀伟人献花礼""我是文化传承人""刘九书柜求学路""强身健体千字文""主席故事永流传"等十堂研学课程，制作《光辉榜样——刘少奇同志的初心和使命》精品课程，与长沙学院联合自编自演了全新研学话剧《光辉榜样——刘少奇的成长之路》。

可以不定期地开展红色文化进校园、进企业、进社区等教育活动，并在重大节庆日、纪念日开展专题红色文化教育活动，吸引更多游客与红色文化旅游"亲密接触"。各地文化和旅游部门于2021年开展了"百名红色讲解员讲百年党史"宣讲活动，走进党政机关、军队、群团组织、院校以及企事业单位，累计开展600余场次宣讲，40余万名干部群众现场聆听，900余万人次通过网络直播、点播收看，取得了良好社会效益。

（五）开展红色文化研学活动

近年来，研学旅行呈现出蓬勃发展的态势。红色文化研学活动要针对不同年龄阶段的学生群体开发红色文化研学教育课程，创新红色文化教育载体，开展参观纪念馆、聆听红色故事、唱响红色歌曲、品尝革命饮食（革命饭、革命菜）等活动，使课堂教育与红色实景教育相互结合，寓教于游，寓教于乐。鲁迅故里因地制宜开设的"三味书屋·鲁迅故里"研学游课程主要由"鲁迅作品展示课""历史文化体验课""三味早读情景课"组成，以丰富的内容设计、优异的教学质量，受到师生的欢迎。

山东红嫂家乡旅游区根据景区特点和研学需要，开发了以红色旅游、红色教育、红色拓展为主的"六个一"研学旅行课程,打造了中小学生研学旅行品牌,丰富、提升了沂南文化旅游元素和品质。该课程主要包括:穿一套八路军军装,走一段革命路;忆一段红色历史,受一次红色教育;唱一首红歌,感受一段情怀;组织一场比赛,体验一段激情;送一次军粮,支援前线;看一场实景演出,圆一个表演梦。

红色文化研学课程要与基本陈列展览相结合。江西南昌八一起义纪念馆结合馆内基本陈列展《南昌起义 伟大开端》《光辉历程 强军伟业》和叶挺指挥部旧址、贺龙指挥部旧址、朱德军官教育团、朱德旧居等革命旧址的基本陈列展打造实景课堂,设计了"传唱红色音符 争做红色先锋""走进军史第一馆 争当阵地小记者"等20余门课程,并开设了研学课程"走近周恩来 永远的榜样"。

红色文化研学活动,不能局限于某一景区、景点,还要延展至某一区域。西藏自治区林芝市以"丰富旅游内容,打造红色旅游品牌"为目标,通过校企合作模式,推出"红色夏令营""红领巾讲解员"等红色文化教育活动,使更多的青少年学生参与红色研学活动。

河南省安阳市林州市红旗渠风景区开发"红旗渠研学之旅"产品,先后推出了探秘红旗渠——"追梦少年"、体验红旗渠——"烈火青春"等多个实践课程,通过"当一次小讲解员,走一次红旗渠,推一把独轮车,抡一回开山锤,抬一次太行石,吃一回民工餐"等"十个一"活动,使学生在行走中阅读历史,在体验中感受红色精神。同时,景区以红旗渠精神传承为中心,开发了"红""红+红""红+绿""红+文"等多条研学实践教育线路,着力打造红色研学旅行实践教育的新标杆。

五、创新红色文化旅游传播方式

要创新传播方式,发挥自媒体的传播效应,利用微博、微信等社交平台，提升红色文化旅游的关注率、影响力、美誉度、吸引力。

（一）推动智慧旅游服务升级发展

智慧旅游、创意旅游是红色文化旅游发展的重要方向。要紧跟科技发展，探索运用区块链、物联网等技术，实现红色文化旅游项目上云，打造"智慧文旅""红色智能"，及时、准确掌握红色文化旅游行业发展的实时信息，以兼具科技感和时尚感的文化旅游智慧服务，丰富红色文化旅游产品和服务体验。

文化和旅游部资源开发司公布的 2021 年智慧旅游典型案例分为"智慧旅游景区、度假区、乡村建设运营典型案例"和"智慧旅游公共服务平台建设运营典型案例"两种类型，故宫博物院"智慧开放"项目、延庆区打造"长城内外"全域旅游数字化生活新服务平台等 27 个典型案例入选，为加快推进智慧旅游发展提供了样本。

"十四五"时期，河北省推动智慧景区和智慧旅游示范区建设，实施旅游智能化基础设施建设，推动无人化、非接触式等物联网感知设施建设，培育智慧旅游创新企业和示范项目，引导云旅游、云演艺、云娱乐、云直播、云展览等新业态的发展。河北省还在加快旅游数据资源体系建设、创新旅游数字化服务模式、完善科技创新体制机制等方面加强旅游数字化建设，在智慧旅游服务、线上线下融合展演、旅游智能化监管服务、旅游装备提升等方面培育旅游产业新优势，努力实现旅游服务品质化、产业运行智慧化、行业管理现代化。

要注意收集统计基础数据和应用数据并重，并将数据分析结果应用到红色文化旅游信息采集中，在红色文化展示、红色景区智慧旅游体验等多个层面，实现线上线下融合，全方位提升游客的旅游体验。浙江嘉兴实施"旅游＋互联网"战略，建设并投用智慧文旅综合管控平台、智游嘉兴综合服务平台，完成手机智导、智慧地图、VR 体验等三项应用的开发，推进游客动态监测网络建设。

（二）实现线上线下融合

发展红色文化旅游要瞄准文化旅游业发展和游客体验需求，推动全媒体融合发展，充分应用现代科学技术，运用多种感知方式，基于视觉重构和心理重构，构建更加丰富、真实的红色历史场景，营造身临其境的在场感，打造看得见、摸得着、能感知、打动人的展示载体，实现线上线下的融合，丰富游客的感官体验和心理认同。

海南红色娘子军纪念园在静态展示的基础上，增加动态元素，通过高科技手段再现革命时期的场景，结合提供革命饮食（革命饭、革命菜）、合唱红军歌等体验场景，使游客获得更为真实的感受。

黑龙江大庆铁人王进喜纪念馆融入大庆工业游、研学游线路，开展各类社教活动，打造节庆主题活动，同时开展线上展览、直播，多措并举打造红色文化特色品牌、提升红色旅游体验、讲好红色故事。

（三）广泛应用新媒体传播

发展红色文化旅游要广泛应用微信、微博、新闻客户端等移动互联媒体和抖音、快手等短视频、直播平台，建立红色文化旅游与游客或潜在游客的强连接。要适应人们信息接受方式的变化，创作红色文化旅游主题的文字、图片、音乐、视频等，更加精准地传播红色文化旅游。山东省临沂市的"沂蒙好时节"文化艺术节、沂蒙红色电影、"亲情沂蒙"品牌等红色文化旅游活动，在各新媒体渠道广泛传播，形成独具特色的"信息传播关键点"。

甘肃省张掖市高台县利用网络直播、小视频、手机客户端推送等，形成红色旅游宣传的新矩阵，为游客提供全方位服务，并加强与周边红色景区合作交流，推出了以"播撒红色火种，从南梁到高台""高举红色旗帜，弘扬西路军精神"为主题的省内红色旅游线路产品。

南昌八一起义纪念馆全力打造新媒体红色研学平台，以新媒体语境讲述红色故事。特别是在 2020 年闭馆期间，该馆潜心创作了《最美战疫声》音频节目，并推出了《云游八一》系列线上研学活动。

东北沦陷史陈列馆以"M+新媒体"模式，推出全国首创融媒体出版物《长春日知录》，将图片、文字、音频、视频和手书日记等内容进行融合，利用 AR 技术，讲述城市历史、传递文化内涵。陈列馆还利用院藏文献资料，出品了原创系列短片《长春历史上的今天》365 集，内容涵盖长春乃至吉林省发生的重大历史事件，在当地多家媒体轮番播放。

（四）创作红色文艺作品

发展红色文化旅游要结合红色遗址、红色故事，创作红色题材的文艺作品，更好地体现红色文化旅游的魅力。河北白洋淀强化红色文化传承，挖掘革命文化，精心编排创作了《白洋淀组歌》《雄安晨曦》等红色文化演出，出版了《银淀烽火》《流光碎影》《我的白洋淀》等文学作品，并联合狼牙山、冉庄地道战等省内各具特色的红色景区，串联成"跟着老电影去旅行"精品线路，向全国推介。

西藏红色文化旅游以文艺表演的形式，将西藏的革命历史、英雄事迹、先进人物搬上了舞台，拍摄了《红河谷》《先遣连》《丫丫》《西藏秘密》《雪域天路》《我的喜马拉雅》等红色影视剧和《青藏川藏公路通车》《川藏公路修筑纪实》等红色纪录片，创排了《天路》《翻身农奴把歌唱》《藏汉兄弟心连心》《翻身不忘共产党》《在北京的金山上》等红色歌曲和《翻身农奴向太阳》《洗衣歌》等红色舞蹈作品。这些文艺作品有力地宣传了西藏的红色文化，激发了人们对西藏红色文化旅游的浓厚兴趣。

红色文化演艺作品是红色文化旅游产品的重要组成部分，陕西延安的《延安延安》《红色娘子军》，四川巴中的红色文化精品剧目《望红台》，并冈山干部教育学院的红色革命话剧《我的红军哥》等红色演艺项目兼具观赏性、艺术性、参与性，受到观众的热捧。

总之，要面向文化旅游市场的新形势、新变化和新需求，以资源为基础，以市场需求为导向，以创新为驱动，拓展红色文化旅游发展空间，丰富文化旅游业态，扩大红色文化传播范围，将红色文化旅游打造成为文化旅游行业发展的新增长点，为红色文化旅游发展注入新的力量和活力，增强文化旅游的吸引力，促进文化旅游行业健康、有序、可持续发展。

参考文献

[1] 黄佩.大别山红色文化旅游发展新态势及对策研究[D].武汉：华中师范大学，2011.

[2] 赵刚.河北省红色文化旅游产业发展研究[D].石家庄：河北科技大学，2015.

[3] 黄珍.贵州土城红色文化旅游创新区发展研究[D].贵阳：贵州大学，2016.

[4] 张泰城.论红色文化资源的分类[J].中国井冈山干部学院学报，2017（4）：137-141.

[5] 沈成飞，连文妹.论红色文化的内涵、特征及其当代价值[J].教学与研究，2018（1）：97-104.

[6] 杨吉，杨雨晴.河南红色文化旅游可持续发展路径分析[J].现代营销（下旬刊），2019（2）：130-131.

[7] 颜婷婷.新时代盐城市红色文化影响力提升路径研究[J].兰州教育学院学报，2019（12）：70-73.

[8] 渠长根，闻洁璐.红色文化资源研究综述[J].浙江理工大学学报，2019（42）：179-187.

[9] 卢小丽，熊芳.湖北红色文化的时代价值与传承路径研究[J].中华文化

研究，2020（1）：61-67.

[10] 邢永民. 西藏红色旅游的发展进程、现状及其特征分析 [J]. 西藏民族大学学报（哲学社会科学版），2020（3）：111-119，127.

[11] 何丽萍. 用大融合战略推进桂北地区红色旅游品牌建设：兼论桂北地区红色文化的新时代内涵 [J]. 社会科学家，2020（4）：68-74.

[12] 孙伟. 红色文化与乡村振兴的契合机制与实践路径：以新县田铺大塆为分析样本 [J]. 河南社会科学，2020（7）：99-104.

[13] 蒋博文. 济南市红色文化旅游传播的路径探究 [J]. 山东干部函授大学学报（理论学习），2020（7）：40-43.

[14] 李强. 红色文化的本质、特征及传播路径 [J]. 社会科学家，2020（7）：153-156.

[15] 高向华. 文旅融合背景下济南红色文化旅游资源的保护与利用路径 [J]. 人文天下，2020（9）：16-19.

[16] 王雄青，胡长生. 文旅融合背景下红色文化旅游高质量发展路径研究：基于江西的视角 [J]. 企业经济，2020（11）：100-107.

[17] 王雄青. 江西红色文化旅游发展对策研究 [J]. 文化产业，2020（32）：21-22.

[18] 向春燕，周春燕. 基于红色旅游资源的研学旅行产品开发：以重庆红岩景区为例 [J]. 重庆文理学院学报（社会科学版），2021（1）：68-79.

[19] 黄宇. 海南红色文化资源旅游开发探析 [J]. 商业经济，2021（2）：28-29，68.